ГАДАНЬЕ НА ЧЕРНИЛЬНОЙ ГУЩЕ

Reading sediment of Ink **(Art, Poetry)**

Vera Zubarev,
Izya Shlosberg

Book design by Izya Shlosberg

ISBN: 978-0-9861106-0-3

Library of Congress Control Number: 2015901901

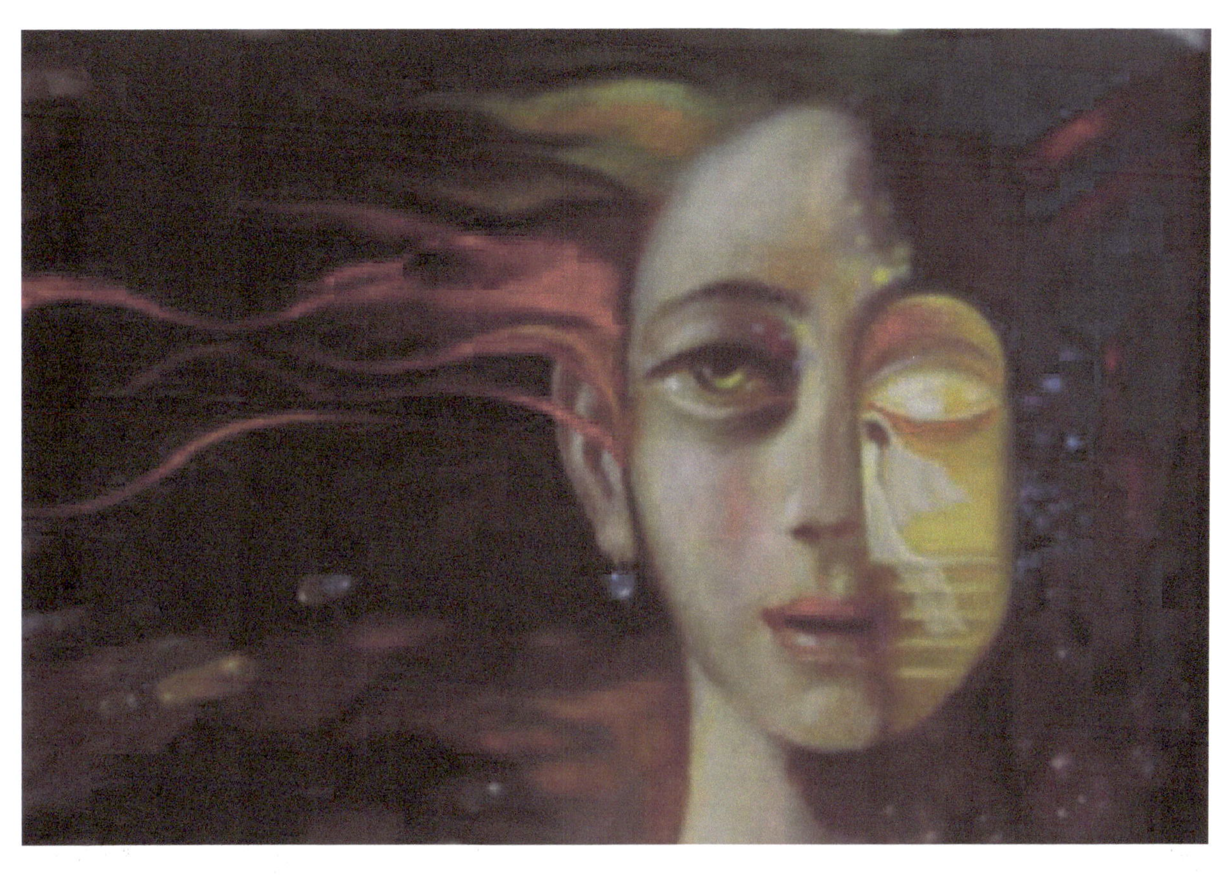

ГАДАНЬЕ НА ЧЕРНИЛЬНОЙ ГУЩЕ

ОТ ИЗДАТЕЛЯ

«Гаданье на чернильной гуще» продолжает литературно-художественную серию «Библиотека XXI век. Стихоживопись», в которой выходят сборники поэтов в сочетании с моими картинами. Задача серии – инициация уникального эмоционального объекта, образованного соединением независимо созданных произведений литературы и живописи. С этой целью я приглашаю наиболее интересных поэтов, которые не просто уникально талантливы, но и близки мне по духу, по способу мышления.

Стихи Веры ЗУБАРЕВОЙ, включённые в этот сборник, были написаны в разное время, но в основном это её последние работы, многие из которых появились на страницах толстых журналов.

Вера – первый Лауреат Международной премии им. Беллы Ахмадулиной, муниципальной премии им. Константина Паустовского и других международных литературных премий, включая и литературоведческие. Её первый сборник вышел с предисловием Беллы Ахмадулиной, которая писала:

> *«Сначала я увидела её стихи, воображение соотнесло их с морем и побережьем, с бликами, с хрупким чередованием блеска и тени. Прихотливый, независимый и несомненно ранимый мир открылся мне, явилась мысль о возможном обидчике воздуха и моря».*
>
> *«Её стихи – изъявление ясной и суверенной души, грациозно существующей в осознанном пространстве».*

Вера Зубарева защитила докторскую диссертацию по русской литературе в Пенсильванском университете, где ныне преподаёт. Она автор 16 книг поэзии, прозы и литератрной критики. Её книги выходят на русском и английском языках. Она публикуется в журналах «Вопросы литературы», «День и ночь», «Дружба народов», «Зарубежные записки», «Нева», «Новый мир» и др.

Вера – организатор самого большого в США русскоязычного литературного объединения Орлита. Под её патронажем выходит известный литературно-художественный журнал «Гостиная», организовываются встречи и литературные чтения на Восточном побережье США.

Изя Шлосберг

Балтимор, 2015

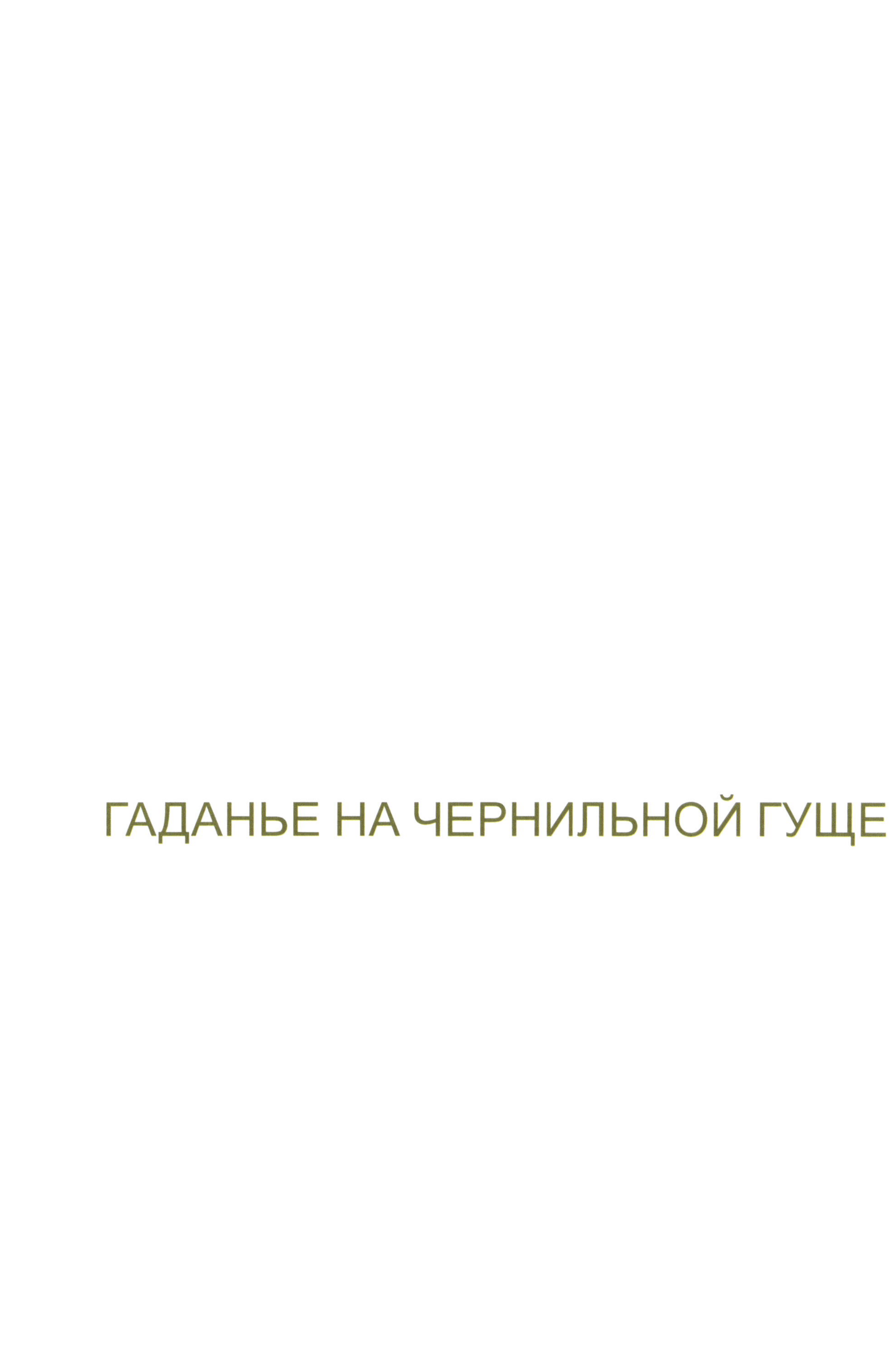

ГАДАНЬЕ НА ЧЕРНИЛЬНОЙ ГУЩЕ

СОДЕРЖАНИЕ

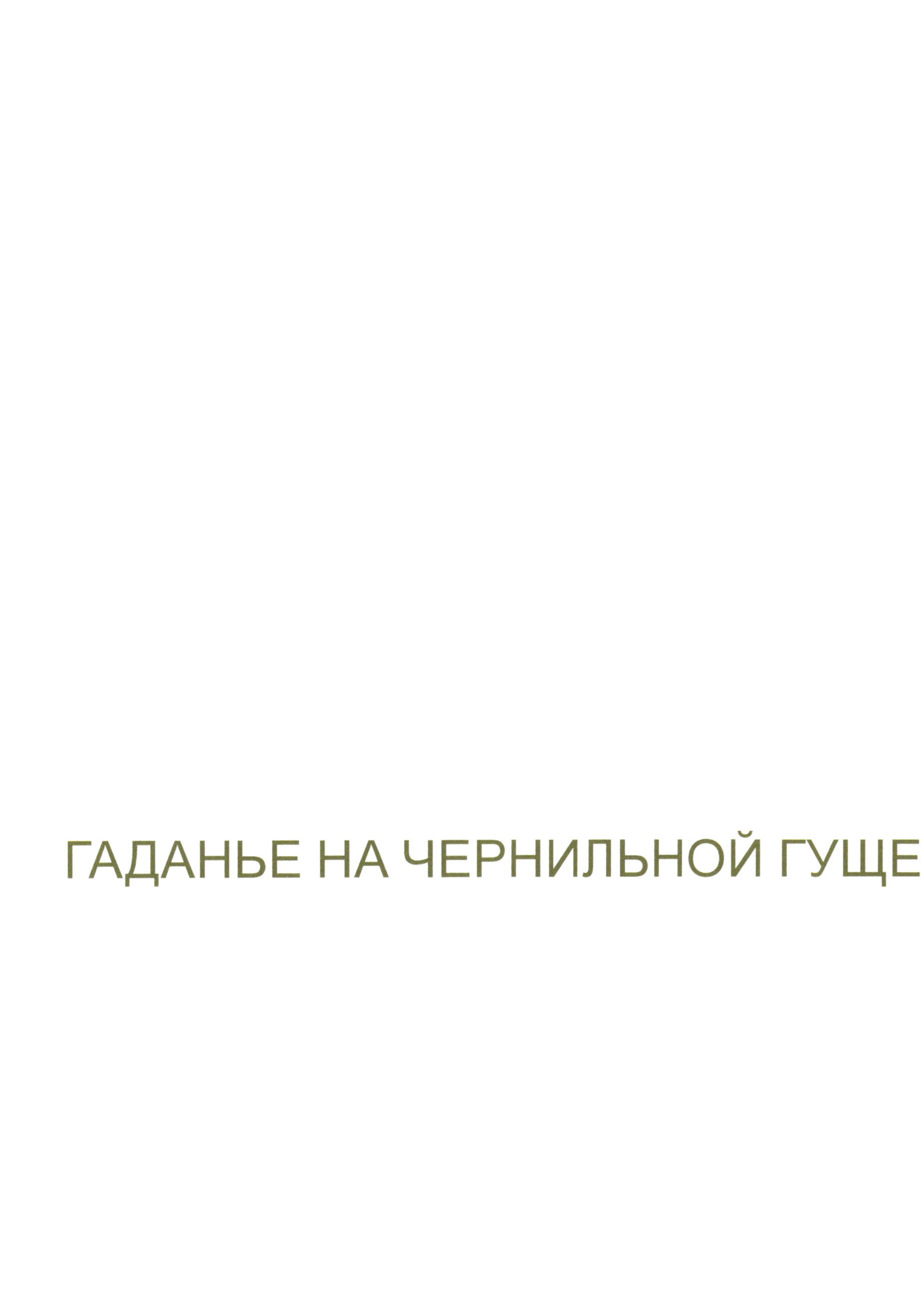

ГАДАНЬЕ НА ЧЕРНИЛЬНОЙ ГУЩЕ

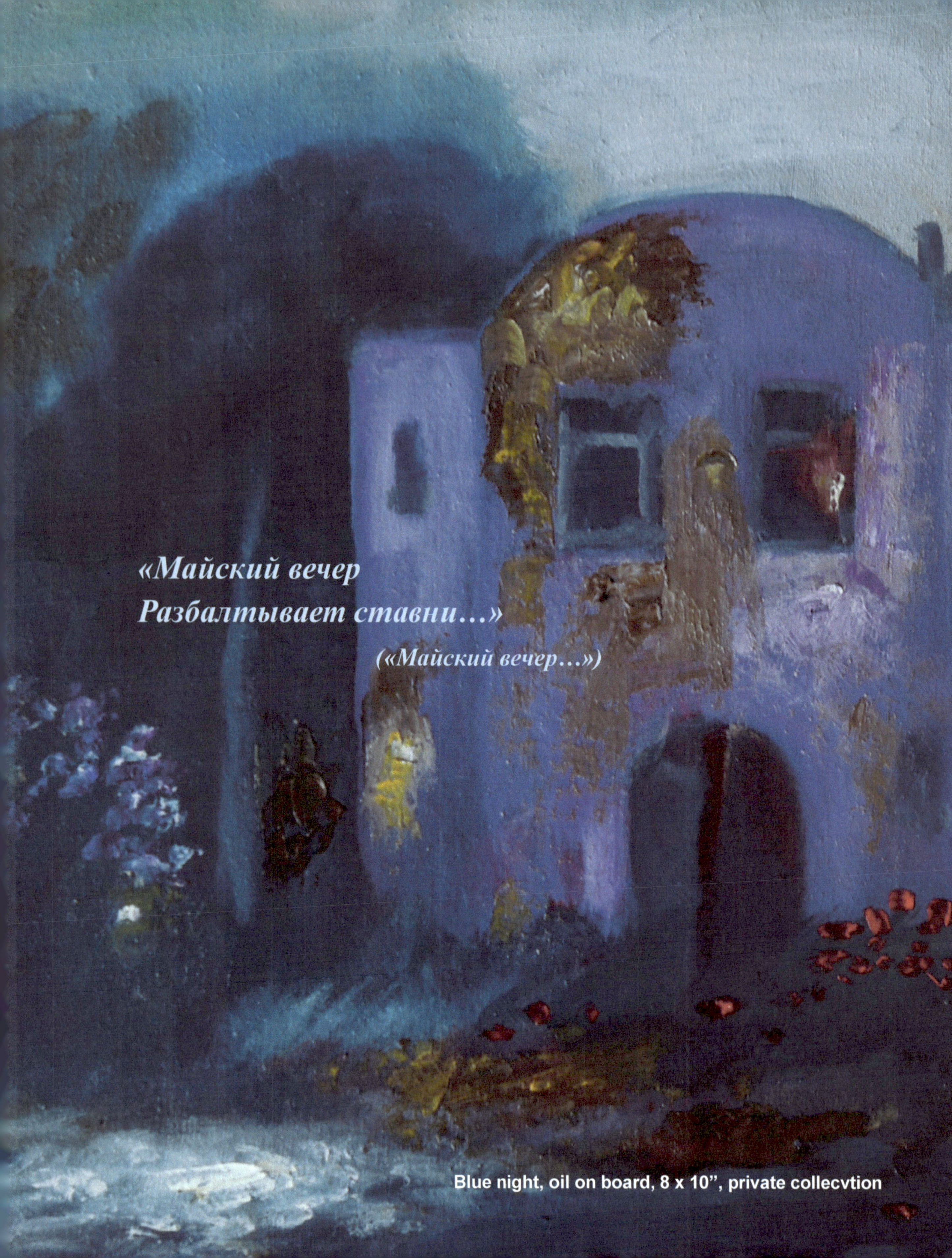

«Майский вечер
Разбалтывает ставни…»

(«Майский вечер…»)

Blue night, oil on board, 8 x 10”, private collecvtion

* * *

Майский вечер
Разбалтывает ставни,
Путает шевелюру сада.
Тучи скульптурны,
Как прибрежные камни,
И небо разлетается о них на каскады.
Дом проливается электрическою волною
Туда, где уровень трав поглощает пальцы.
Луна надтреснутой желтизною
Напоминает пустой черепаший панцирь.
Стало легче на несколько унций
Тело ужина, вытянутое в дыме.
Сейчас позовут.
И, как будто блюдце,
По слогам разлетится вдребезги имя.

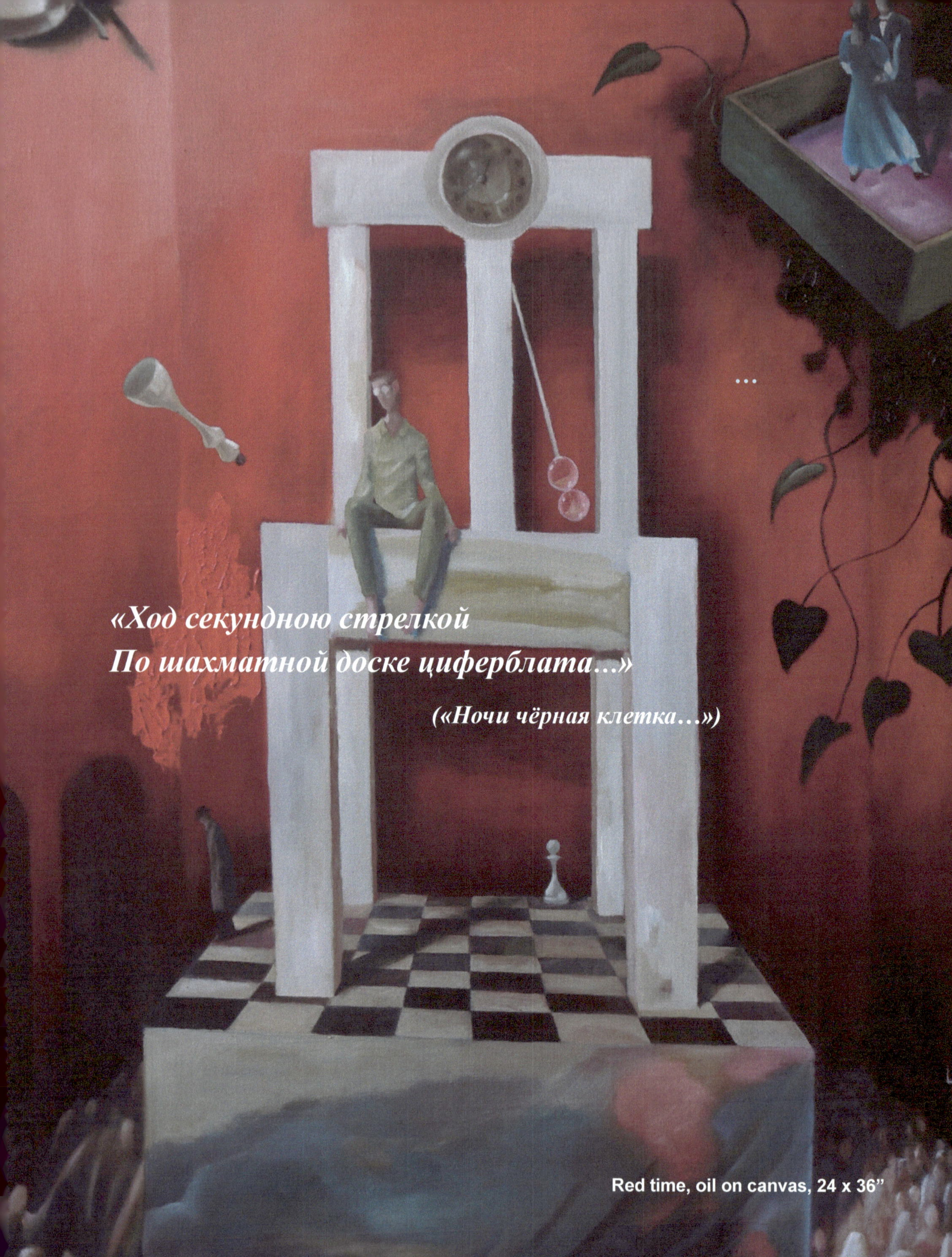

Red time, oil on canvas, 24 x 36”

* * *

Ночи чёрная клетка.
Лампы белая латка.
Ход секундною стрелкой
По шахматной доске циферблата.
Жизни опять не спится,
И размышляю с ней я:
С кем там партию блица
Снова играет время?
День мой был прост, как голубь.
Сон не пришёл с повинной.
Неразливайка-прорубь
Манит мыслью змеиной.
Не промахнуться лишь бы.
Выдохну: «Аллилуйя!»
И окуну в неё трижды
Перо, что в руке воркует.

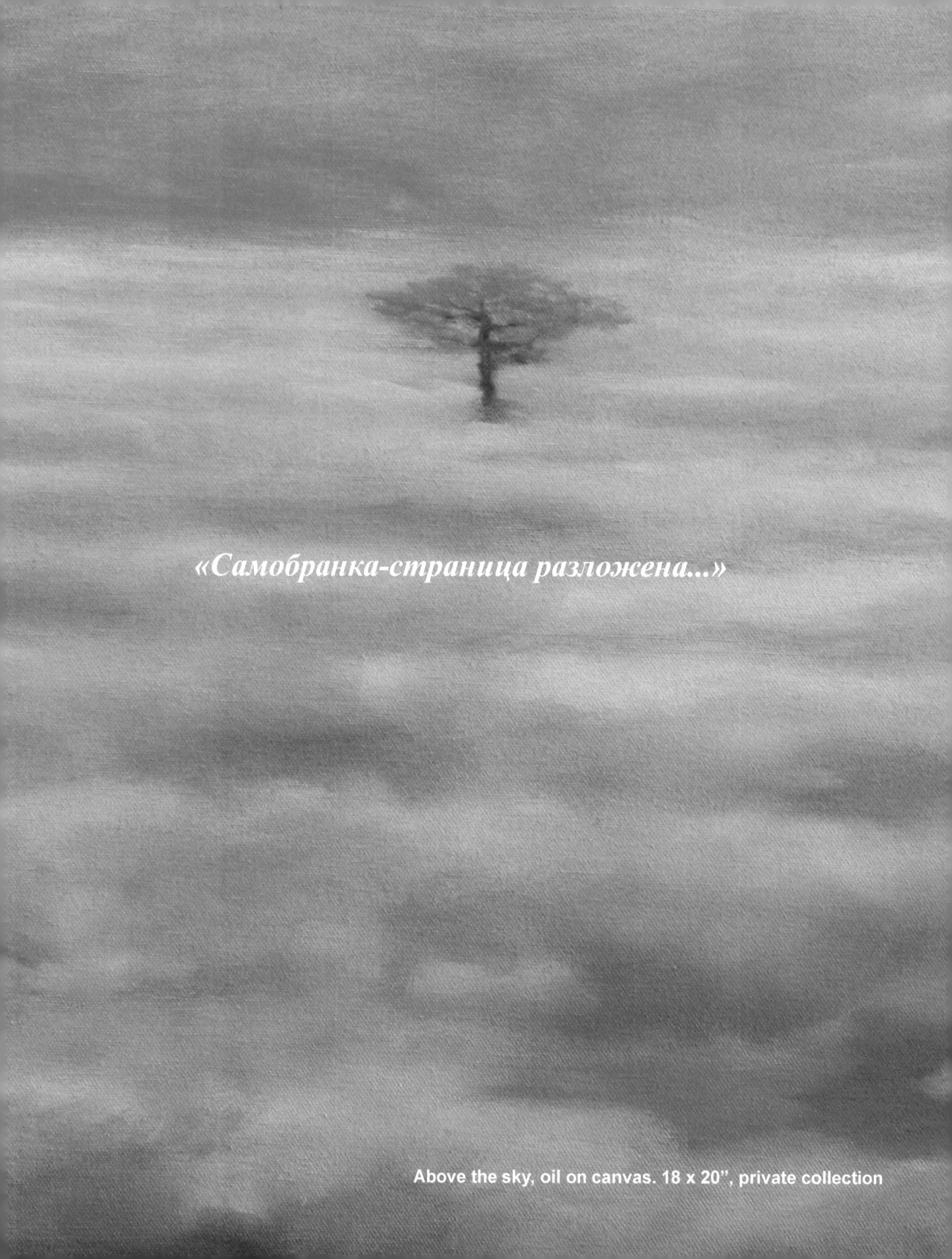

«Самобранка-страница разложена...»

Above the sky, oil on canvas. 18 x 20", private collection

* * *

Самобранка-страница разложена.
Скоро гость полуночный откликнется.
И звезда глядит настороженно
На своё отраженье в чернильнице –
Хочет знать, что ей там отпущено,
Где земная царит сутолока.
И пророчит чернильная гуща ей
Небеса и любовь спутника.

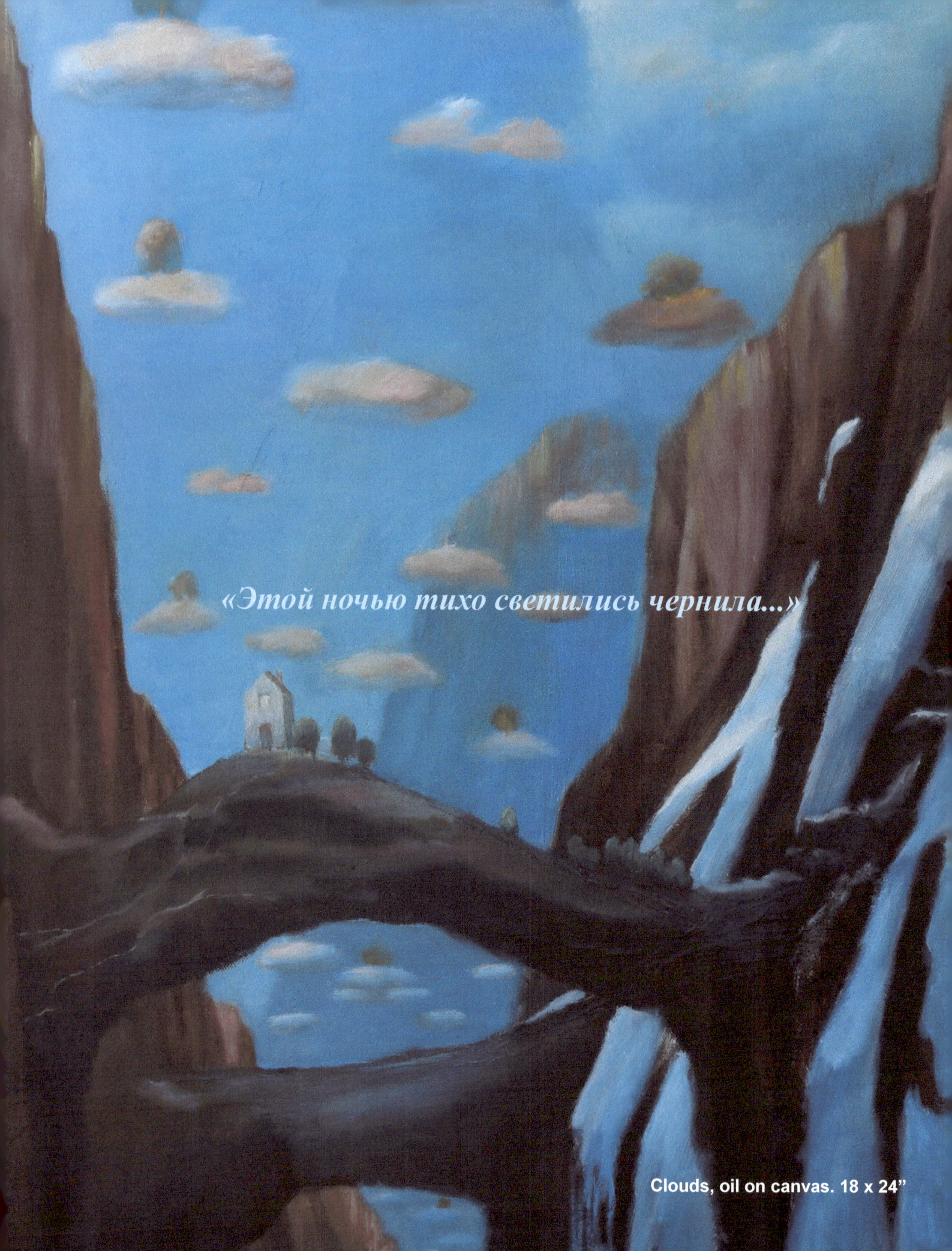

Clouds, oil on canvas. 18 x 24”

* * *

Этой ночью тихо светились чернила.
Я догадалась мгновенно, в чём тут дело.
В небе ни зги — клякса звезду казнила.
Только страница во всём пространстве белела.
Стражники ночи шли — за плечами косы.
Взгляд их стальной был строг — как штык наготове.
И шелестели в книгах листы-колосья,
Пряча поглубже запретные зёрна в слове.
Ну а чернила всё продолжали светиться,
И на поверхности таяли снов разводы,
Тайно перо пересекало границу,
Чтоб окунуться в те волшебные воды.

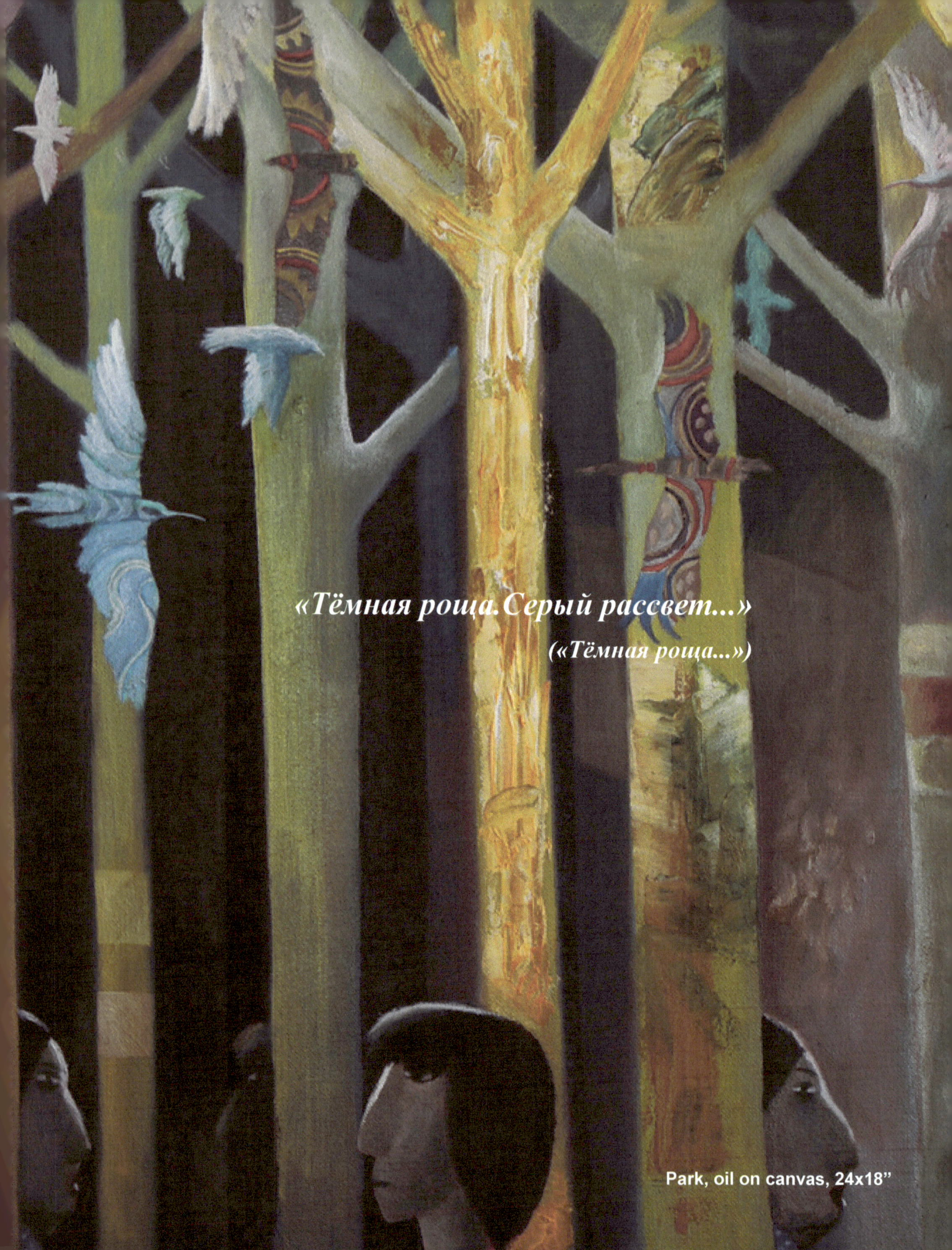

«Тёмная роща.Серый рассвет...»

(«Тёмная роща...»)

Park, oil on canvas, 24x18”

* * *

**Тёмная роща.
Серый рассвет.
Может быть, проще,
Если их нет.
Может быть, проще —
День во весь рост,
Солнечный прочерк
Там, где вопрос.
Может быть, проще,
Только опять
Росчерков роща.
Полночь. Тетрадь.**

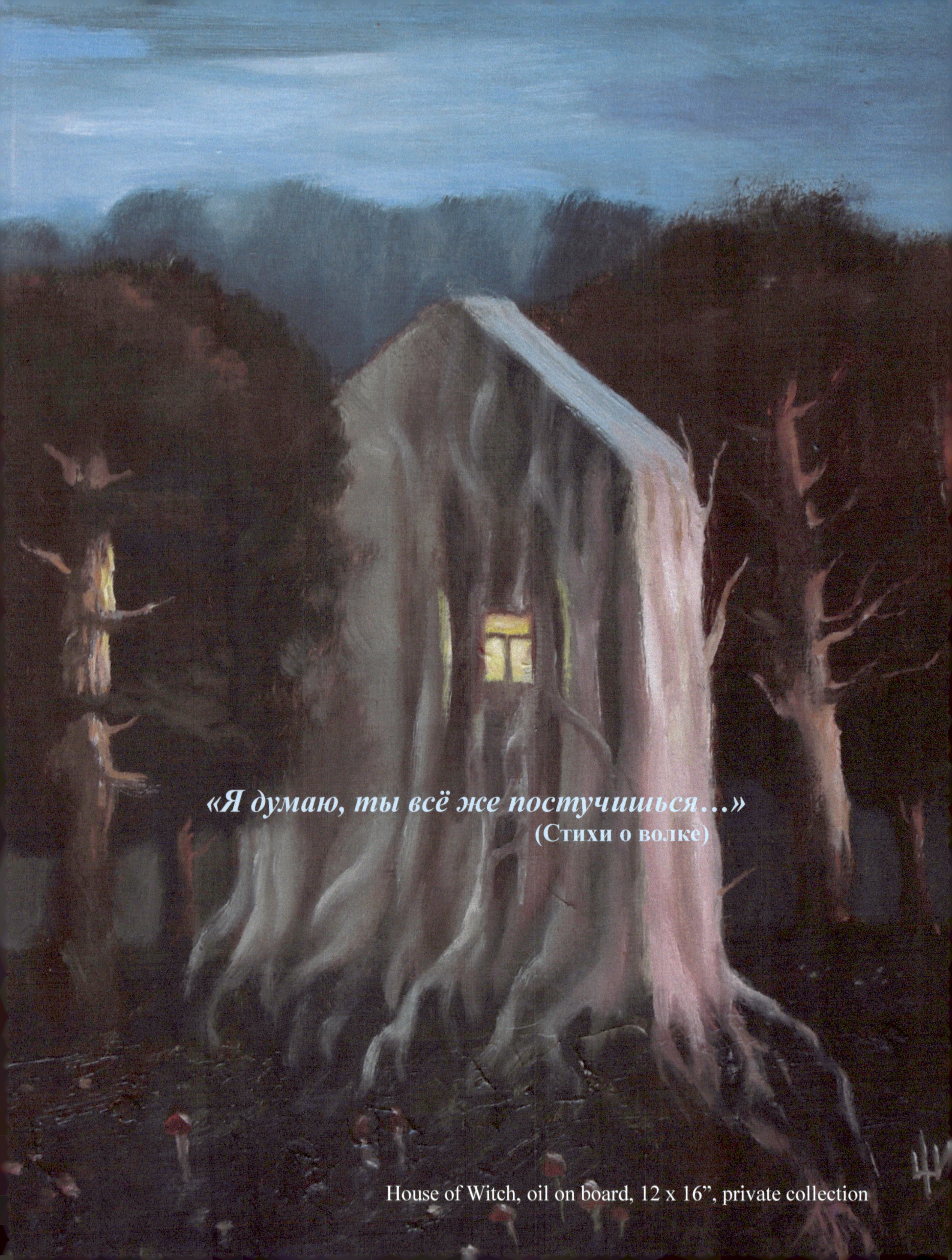

«Я думаю, ты всё же постучишься…»
(Стихи о волке)

House of Witch, oil on board, 12 x 16”, private collection

СТИХИ О ВОЛКЕ

1

Я думаю, ты всё же постучишься:
Ближайшее соседство — за версту,
А вечер погрузил моё жилище
Почти по окна в темень и листву.
Сползает со столба лианой провод,
И в лампе на исходе керосин.
И это ли не долгожданный повод,
Чтоб постучать без видимых причин?

Невесело, запущенно и дико
Мой дом произрастает из земли,
И вытоптана кем-то ежевика,
Которую собрать мы не смогли.
А слева от чернеющей дорожки
Наткнёшься ты, когда придёшь ко мне,
На скользкое негодное лукошко.
Где ягоды подгнившие на дне.

Тут без труда я приручила волка –
Всё оттого, что сходно с ним живу.
Его глаза — зелёных два осколка –
Пускай сверкают по ночам во рву.
Хоть изредка скорблю, что не волчица,
Но не ропщу. Что, думаю, с того?
В конце концов, ведь кто-то постучится —
В твоём обличье он, иль ты — в его.

«В поисках человечьих слов...»

(Стихи о волке)

2

**Уже декабрь. Тверда земля в саду.
Её свело морозами без снега.
Печально, у растений на виду,
Замёрзло детство позднего побега.
Все ночи так привычно холодны,
Что забываю сетовать на холод,
Как забываю многое — и ров тот,
И прежний ракурс ледяной луны.
У маленького низкого окна
Сутулюсь, сжав концы платка локтями,
И мне то ночь безбрежная видна,
То я сама в оконной дряхлой раме.
Там продолжает комната моя
Своё житьё-бытьё полупрозрачно
И тонет в перспективе декабря,
И в ночь произрастает многозначно.
И в отражённый дом помещены
Деревья, ров у сломанной калитки
И тощий волк, что воет вдоль луны,
Претерпевая полнолунья пытки.
И я сутулюсь посреди дорог,
Озвученных той литургией волчьей.
И в руки, плечи с каждой новой ночью
Врастает серый подранный платок.**

3

Да, пишу. Негодная хозяйка,
Я не запасла на зиму дров.
Чаще стынет ручка-наливайка,
Ставя кляксы на начала слов.
В том ли грусть, что буква исказится,
И дрожит чернильная строка?
Ты ещё когда прийти решился,
А всё медлишь, будто жизнь — долга.
Что ж ты медлишь! Иль боишься волка,
Что на перепутье двух миров
С первобытным чувством злого долга
Ни на миг не покидает ров?

4

Волк бродил и бродил по обочине
В поисках человечьих слов.
На снегу следы многоточьями
Огибали гибельный ров.
Не писалось. Листы пустовали
На чёрном дощатом столе.
Первый снег, наконец-то, издали
И слали, и слали к земле.
Ты читал этот снег прошлогодний,
Нам обещанный на год вперёд?
Ах, какие погибли корни
В тот, из снега изъятый год!
Ничего, победила природа,
Хоть слегка повредилась в уме.
И какая юродивость всхода
Удивить нас готова к весне?
Что-то я разболелась не в шутку.
Не заводится в печке огонь...
Погоди, не мерещься минутку
И горячечный лоб мой не тронь!..
Я твоя только в мыслях, а в теле –
Тот огонь, что ушёл из печи.
Поскорей бы прижились метели,
Чтоб не слышать — кричи, не кричи.
Отсырели проклятые доски.
Израсходован зло коробок.
Вы сегодня — читатели-тёзки,
Ты и поиском занятый волк.
У, как близко ты ходишь, как внятно,
Как сухой распаляешь мой бред!..
Только снег вами понят превратно,
А листы — это белые пятна
В родословной азов, буки, вед.

«Зелье снов уже выпито…»

Light, oil on canvas. 16 x 20”, private collection

* * *

Зелье снов уже выпито,
И узор уже вяжется,
И луна уже вылита
На кирилло-бумажицу,
И светила построены
Все от аза до ижицы,
И страница — ладонью к ним.
И судьба её — пишется.

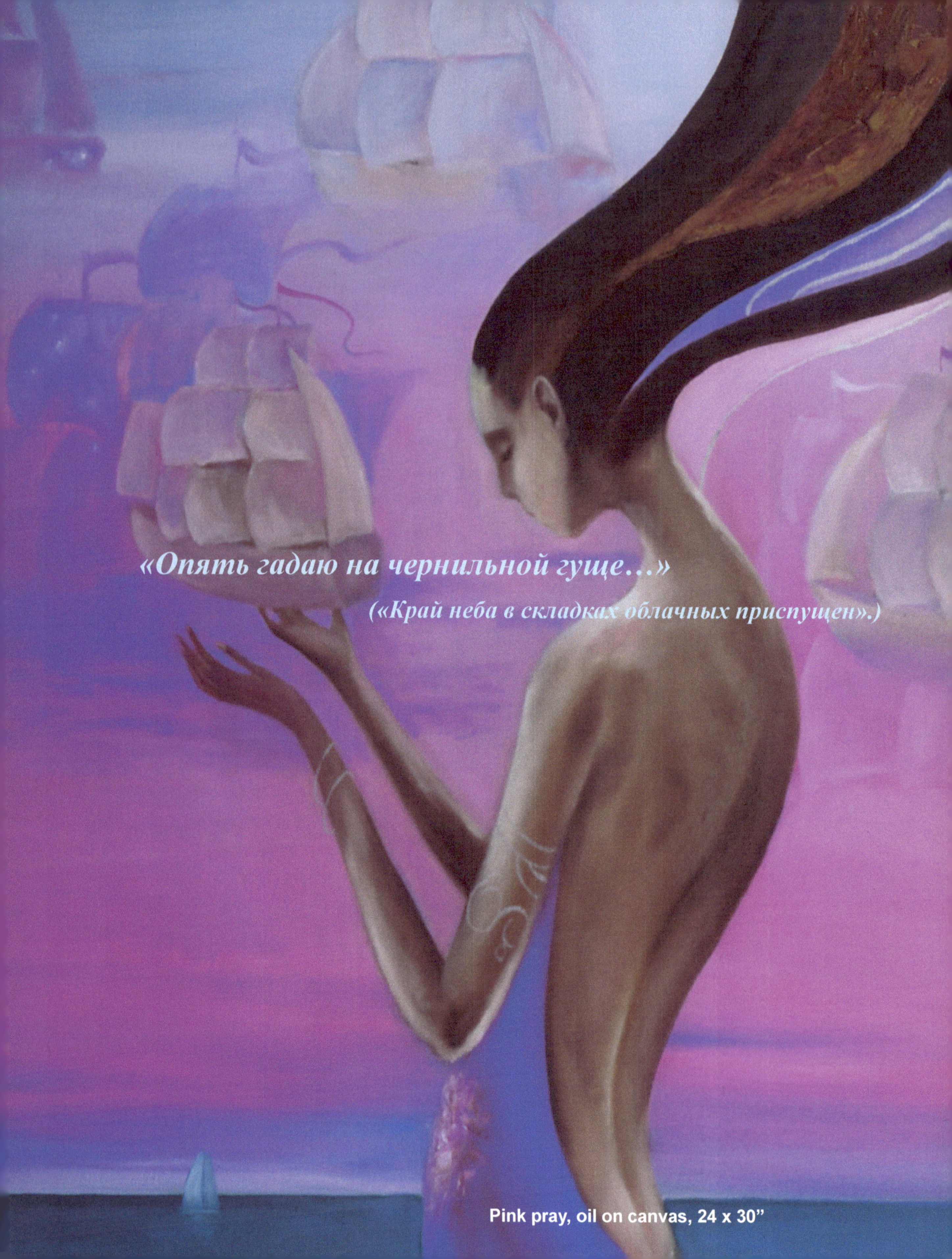

«Опять гадаю на чернильной гуще…»

(«Край неба в складках облачных приспущен».)

Pink pray, oil on canvas, 24 x 30”

* * *

Край неба в складках облачных приспущен.
Бормочет время сонное в часах.
Опять гадаю на чернильной гуще
Под стук дождя, под качку в небесах.
Кто первым воплотится нынче в слове,
Преодолев чернил палеолит?
Что день не наступающий готовит?
Что ночь не проходящая сулит?
Гаданье — грех. Мне это отольётся.
Чернотетрадье не проходит зря.
Пойду ко дну чернильного колодца,
Откуда вытекают реки зла.
А в безмятежно звёздном зачернилье
Читатель спит, свернувшийся в клубок.
Его с рожденья правила хранили.
Он не грешит. И сон его глубок.
Он терпелив, надёжен и возвышен,
Он мой кумир, мой стержень и костяк.
Захлёбываться мне в чернильной жиже,
Где он меня отыщет, жизнь спустя.
Чернильница — тоннель в мой день грядущий,
Первопричина радостей и бед.
Там зачинался мир в чернильной гуще,
Там Дух водил пером: «Да будет свет!».

«От вдохновенья сон бежит...»

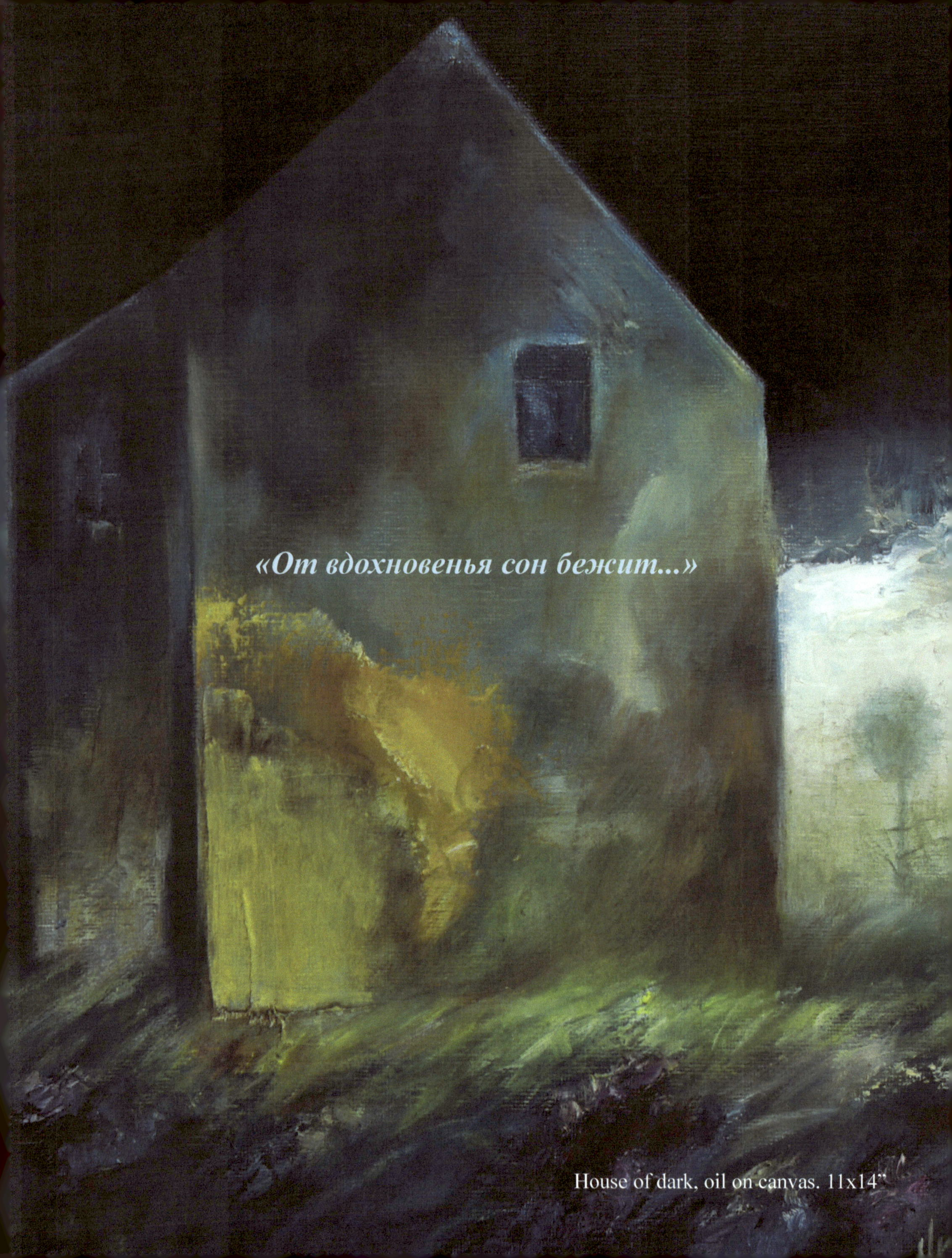

House of dark, oil on canvas. 11x14"

* * *

От вдохновенья сон бежит,
Ночь застревает в преисподней.
Лишь мысль значительней, чем жизнь.
Лишь тьма для света богородней.

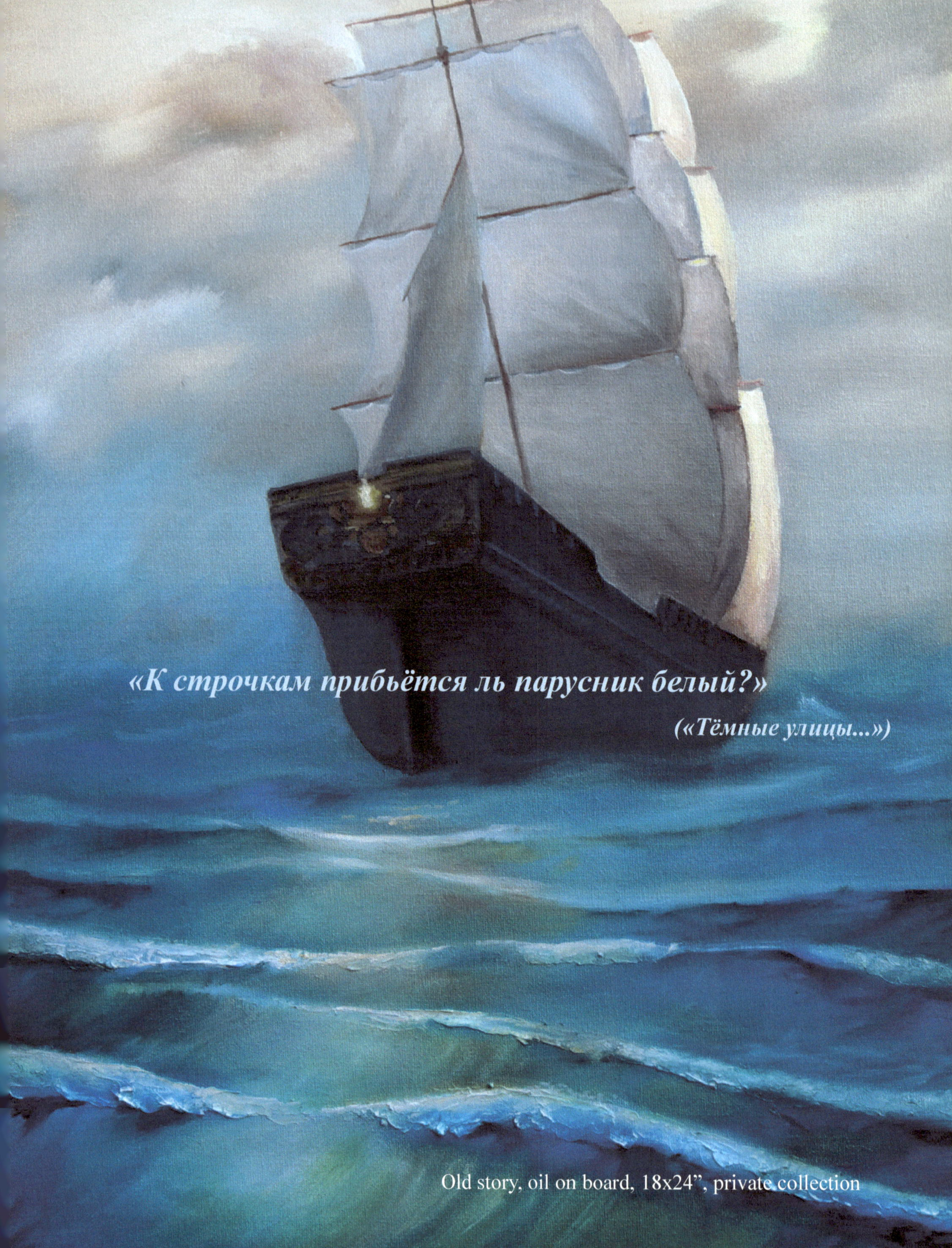

Old story, oil on board, 18x24", private collection

* * *

Тёмные улицы.
Низкие тучи.
Мысли отправлены,
Мысли получены.
Спущен ладьёю
Стол на волну
Ночи, разлитой вширь-глубину.
Лист накреняется вправо и влево.
К строчкам прибьётся ль парусник белый?
Перьями стрелки в дальнем углу
Пишут по кругу свою Кабалу.
Сон заколочен.
Стёрты созвездья.
Не долетают свыше известья.

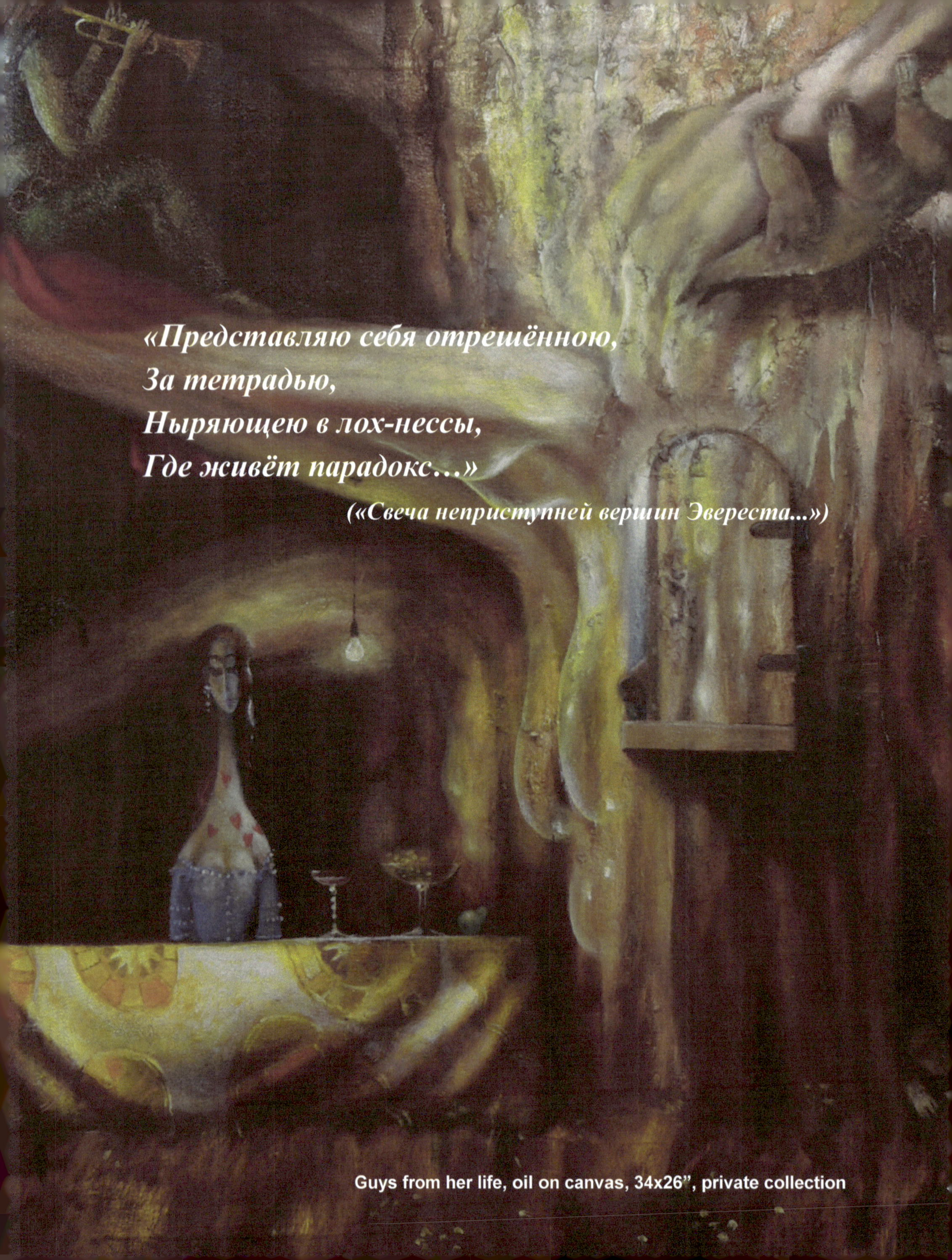

«Представляю себя отрешённою,
За тетрадью,
Ныряющею в лох-нессы,
Где живёт парадокс…»

(«Свеча неприступней вершин Эвереста...»)

Guys from her life, oil on canvas, 34x26", private collection

* * *

Свеча неприступней вершин Эвереста.
Большая стрелка продвигается к двум —
Десять минут десятого.
Не нахожу себе места.
Бог знает что лезет на ум.
Представляю себя отрешённою,
За тетрадью,
Ныряющею в лох-нессы,
Где живёт парадокс,
Вытягивающею на страницы по исчадью
И севшую за то на голодный паёк.
И представляю себя знаменитой,
В будущем веке,
Завёрнутой в кожаный переплёт,
Дремлющей на полке в библиотеке,
Которую собрал состоятельный полиглот.

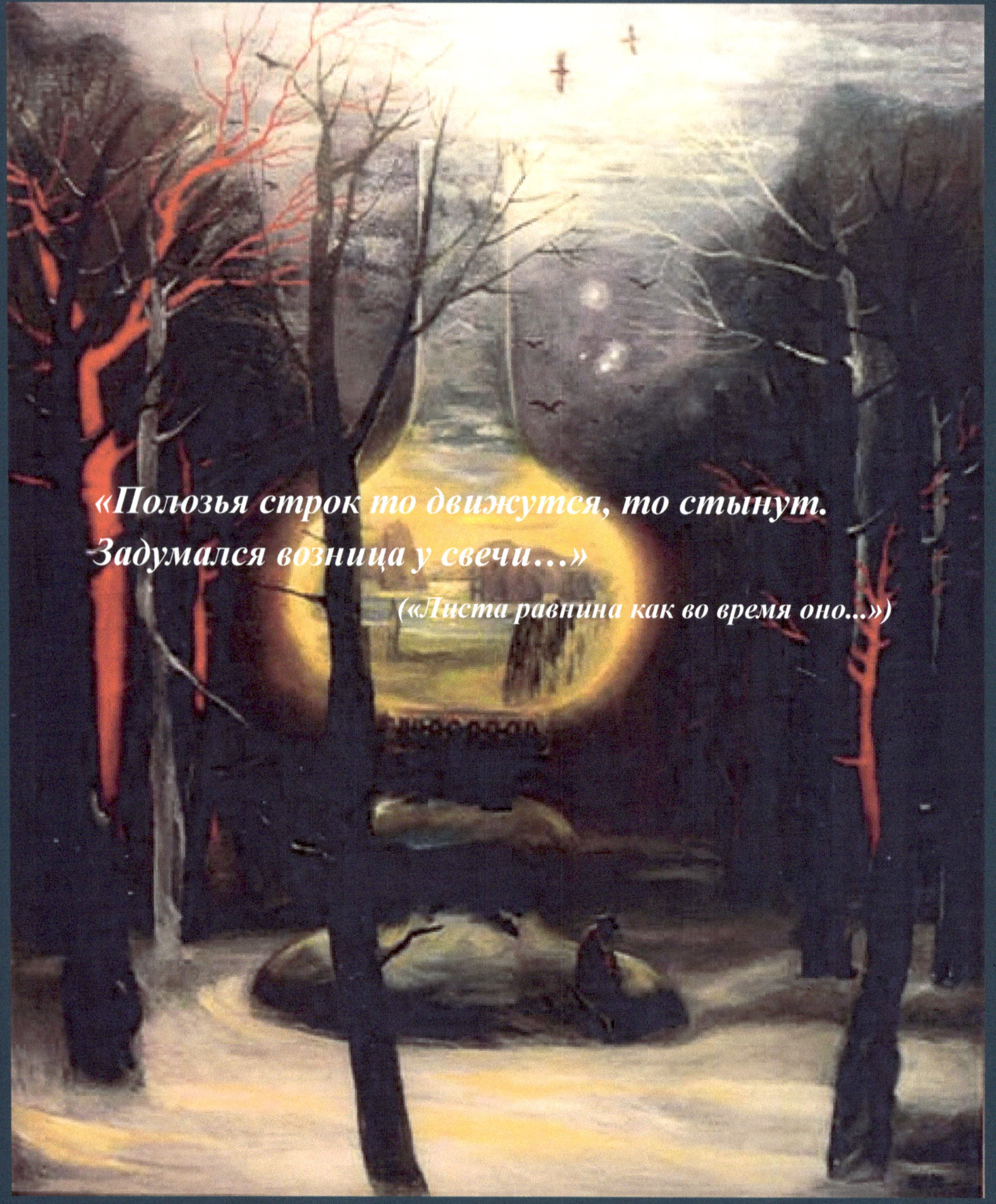

Lamp, oil on canvas, 24 x 28”, private collection

* * *

Листа равнина как во время оно.
Ни зги не видно — небу не до звёзд.
Дождаться ли однажды почтальона?
Придёт ли долгожданных строф обоз?
Полозья строк то движутся, то стынут.
Задумался возница у свечи,
Мерцает букв обуглившийся иней,
И магия разгадана почти.
А за пределом полночи бумажной
Сосульки дремлет хрупкая свирель.
В ней излучает зимнее адажио
Стаккатных нот застывшую капель.
Скрипит перо (иль по снегу полозья),
Во мгле свеча белеет, как сугроб,
И воска оплывающего гроздья
Рождают в тонком пламени озноб.
Кружат листков исписанных метели.
Обратный бой часов. А вдалеке —
Полозьев ход земной и запредельный
Прокладывает снова путь к строке.
И ждут заветных писем адресаты,
И с ними снежный мир соотнесён,
И веруют в них пишущие свято,
И свет их указующий — на всём.

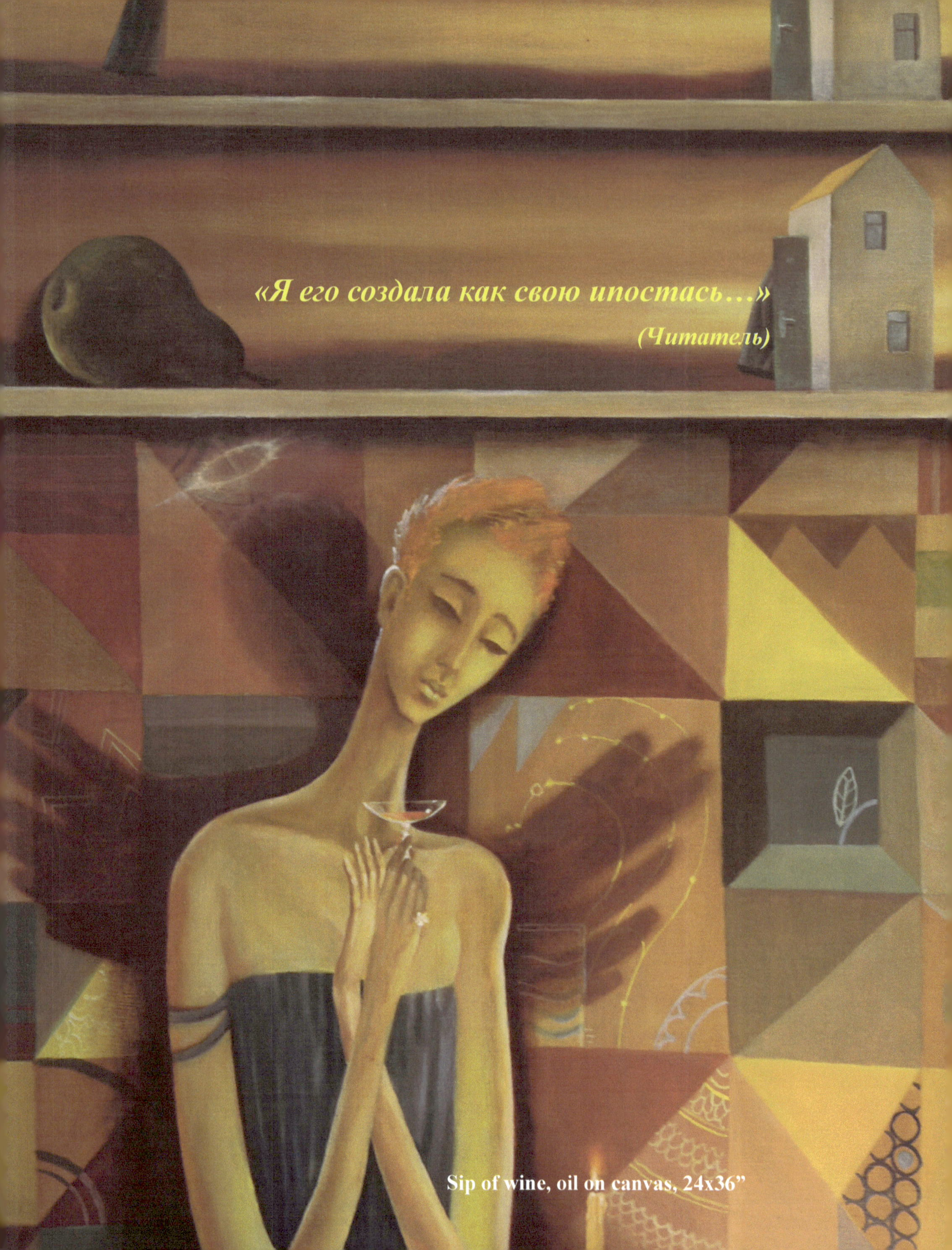

Sip of wine, oil on canvas, 24x36”

ЧИТАТЕЛЬ

**Где-то там,
в тишине отдыхающих книг,
Где в укромном пространстве темнеющей полки
Жив мой путь,
по вселенским масштабам — недолгий,
Там читатель, творец моей жизни, возник.
Он родился из мысли о нём, и из всех
Самых лучших картин я его наделила
Появленьем, чтоб он, набирающий силы,
Тратил их на меня — весь бессмертный свой век.
Я его создала как свою ипостась,
Как желание новых своих траекторий,
Как готовность разрушить привычную связь
Между тем, что вначале, и после, и вскоре.
Я его создала из пустынного дня,
В этот час, где ни слова в ответ, кроме света.
Я его создала, чтоб однажды меня
Сотворил он из собственной страсти за это.**

«Метёт метель. Одесса, Ленинград…»

(«Рождённый в декабре, несёшь тепло...»)

Cold day, oil on canvas, 24 x 36”, private collection

* * *

...я тогда и не догадывалась, ... что судьба подарит мне книжные драгоценности, любовно собранные моим мужем...
Валентина Голубовская
«Мама купила книгу»

Евгению Голубовскому

Рождённый в декабре, несёшь тепло.
Излука переулка — как интрига.
И сыпет снег, и воздух замело,
Но дышит там, за пазухою, книга.
Она жива, и ты её несёшь.
Она прижалась с верою младенца
И спит, и греет, отгоняя дрожь,
Пульсируя с тобою сердце в сердце.
Метёт метель. Одесса, Ленинград…
Конармия снежинок в Достоевском…
Нет, это Пушкин вьюжит, встрече рад,
И потакает кутерьме окрестной.
А ты идёшь сквозь сон мостов Невы,
Библиотек декабрьских коридоры
К началу самой трепетной главы,
Где примет книгу Та… и скоро… скоро…

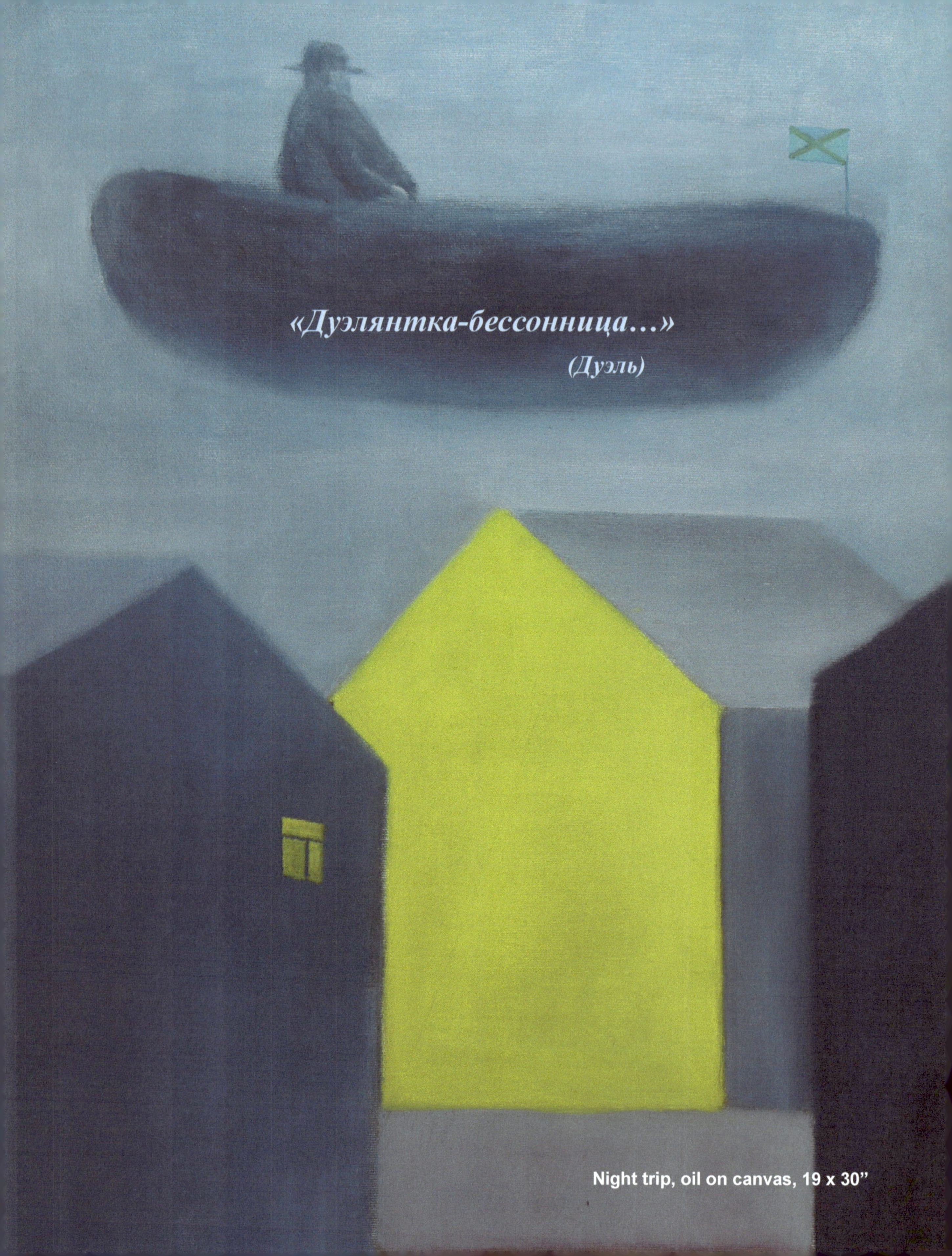

«Дуэлянтка-бессонница…»

(Дуэль)

Night trip, oil on canvas, 19 x 30"

ДУЭЛЬ

**Дуэлянтка-бессонница, чьи там
Строки беглые не ко двору?
Лишь звездою по небу чиркнула
И — «К перу!», — приказала, — «К перу!».
К секундантке-странице за помощью
Обращусь, растолкав я тетрадь.
Снова целиться в небо мне полночью,
А в конце промахнуться опять.
А звезда в апогее сгорания —
Точно скомканный в печке листок.
Видно, древний поэт мироздания
Той же древнею мукой истёк.
Я смотрю на звезду-неудачницу.
Он листает мой черновик.
Нам вздыхается вместе и плачется,
И к бессоннице глаз наш привык.
Отливает перо стрелкой компаса,
И покуда листок не погас,
Быстро пишем пришествие космоса.
И бессонница
целится
в нас.**

Переворот

Fish, oil on board, 10x8”

ПЕРЕВОРОТ
дневник

1

**В этой глуши даже луна с закрытыми всходит глазами.
Каждый предмет кажется собственной тенью.
Стол с сорняками бумаг — что заброшенный замок,
На пустыре его бродят стихов привидения.
Скоро уж, скоро снегом припудрятся ели,
Дух небылиц будет отпущен на волю.
Снег поначалу лёгкий — потом тяжелеет.
Впрочем, как всё, что соприкоснётся с землёю.**

2

**Стол мой на оползнях. Бредит перо бездорожьем.
Варевом слякоти травят его тёмные силы.
Всё расползается, форм опознать невозможно.
Как-то я вышла — попала в сплошные чернила.
Ночью там хлюпает кто-то. Может быть, рыба
Хочет родиться из хляби. Рот её сонный
Жижей чернильной чавкает беспрерывно,
Силится выдуть из гущи волшебное слово.
Если удастся — жизни забьётся невод,
Звоном чешуек, словно кошель, переполнится,
Затрепыхает на жабрах влажное небо…
…Вот уже утро стирает её. Снова бессонница…**

3

**Свечка сигналит светилам, но всё понапрасну.
Топливо сна почти уже на исходе.
Каждый прилив приносит с собою кляксу,
Каждый отлив — обглоданных слов уродье.
Сырость чернил стала уже несносной.
Мох между строк… Не прочитать между ними!
И запятые и те уже крутят носом,
Морщатся, только заслышат моё имя.
— Где я, ау! — Побережье стола раскинулось.
Как после шторма, строчек обломки валяются,
Букв косоногих в них копошится живность.
Вынуть захочешь — только измажешь пальцы.
Чёрное море моё, на тебя ишачу,
Рыбе пытаюсь потрафить (авось осчастливит?),
Слушаю всплески весла рыбарей незадачливых
И обещанья чудес в приливе-отливе.
Мне бы одно только чудо из всей этой гущи
Древнего варева тьмы, никогда не спящей!
Чудо нейдёт ко мне. Только глумливое чудище
Каждую ночь набивается мне в товарищи.**

4

**С позавчера появились дурные приметы:
Ручка под стол закатилась и канула в хрень
Старых бумаг, паутин. Я звала её: — Где ты?
Ель зашаталась в окне с луной набекрень
(В гульбищах с ветром губит себя понапрасну).
С полночи стол накренился и долго скрипел,
И раздувался страницы потрёпанный парус.
Шторм разыгрался. В словах размыло пробел.
Волны вовсю грохотали в грозной чернильнице,
Стол заливало, скакало под пламя свечи
В трюме окна привидение школьной учительницы
С вестью о том, что уже улетели грачи.
Как? Неужели и впрямь это поздняя осень?
Ручка по палубе пола каталась в слезах,
То ли от хохота, то ли от шторма. — Ай, бросьте! –
Кто-то ей с лёгким знакомым акцентом сказал.
……………………………………………..**

Стали слабей ядовитых чернил испарения,
В ходиках ангел чихнул и пропел с хрипотцой,
Вий отступил (о, великая магия времени!)
И улетучился змейкой в окно по косой.

5

В тетради тревожно — шныряют меж строчками тени.
Радости мало, но всё ж, хоть какая-то публика.
Их приглашаю за это на чай каждый день я.
Жидкость не пьют, но съедают дырку от бублика.
Я же считаю убытки, ушибы, ошибки.
Может быть, рыбе моей не дано появиться.
Может, коварно съедает слова-наживки.
Лучше бы вместо неё прилетела жар-птица!
У, лицемеры, невежды, исчадья обмана!
Треплют мне нервы, будто я принц Датский.
Я им про рыбу, они — про уху Демьянову.
Каждую ночь у стола моего святотатствуют.
Призраки яви… И здесь её слышу угрозы я.
Мир зашлакован, ему не до мудрости высшей.
Всё это рыбе моей не пойдёт на пользу.
Не удивлюсь, если станет она мышью.

6

С каждой строкою меняется моя рыба.
Что-то с пером… Стало в сумерках серым, тонким…
Юркает в норку ящика беспрерывно,
Ждёт боязливо, предпочитает потёмки.
Может, на ключ от него запереть страницу?
Что оно трусит? Ночью шуршит бумагой.
Свечку зажгу — тут же ныряет в чернильницу.
Вот и свищи его в море чернильной магии!

7

Утром на берег листа его штормом выбросило.
Все опасенья сбылись — так и вышло:
И без того мой ковчег кишел всякой живностью,
К ней в довершенье прибавился хвост с мышью.

Я бы его утопила в чернилах, когда бы
Знала, к чему приведёт та ночная агония.
Лучше б тарантул прибился, ядовитая жаба,
Узел змеюк с головы Медузы Горгоны!
С этой же серостью жизнь моя исковеркана,
Прахом пошла вся моя биография.
Нет, не дано мне порадовать мир фейерверками.
Даже своим привиденьям — и тем не потрафлю я.

8

Это перо, однако, здесь быстро освоилось.
Книги марает, с полок моих не слазит.
Стали к нему и тени захаживать в гости,
Кланяться и величать его князем.
Прямо из грязи чернил вознеслось, окаянное!
Смотрит на всех сверху вниз — не хватает лишь нимба.
Прошлою ночью залезло в мои писания.
Там, где писала я: «мышь», переправило: «рыба».

9

Это переворот. Пишу под кроватью.
Стол и тетрадь арестованы. Ручка в подполье.
После полуночи предпочитаю скрываться.
Только чернила пока что бушуют на воле.

10

Последние новости: к власти пришли привидения,
Явились с допросом, слепили свечёй до рассвета,
В ящиках рылись, сдирали со стен тени.
Ищут какую-то мышь. Мало им этой!
В спешном порядке всё переименовали.
Смертною казнью грозят словам за ошибку.
Силюсь запомнить: «радости» — это «печали»,
«Стол» — это «стул», «мышь» — это, кажется, «рыба»…

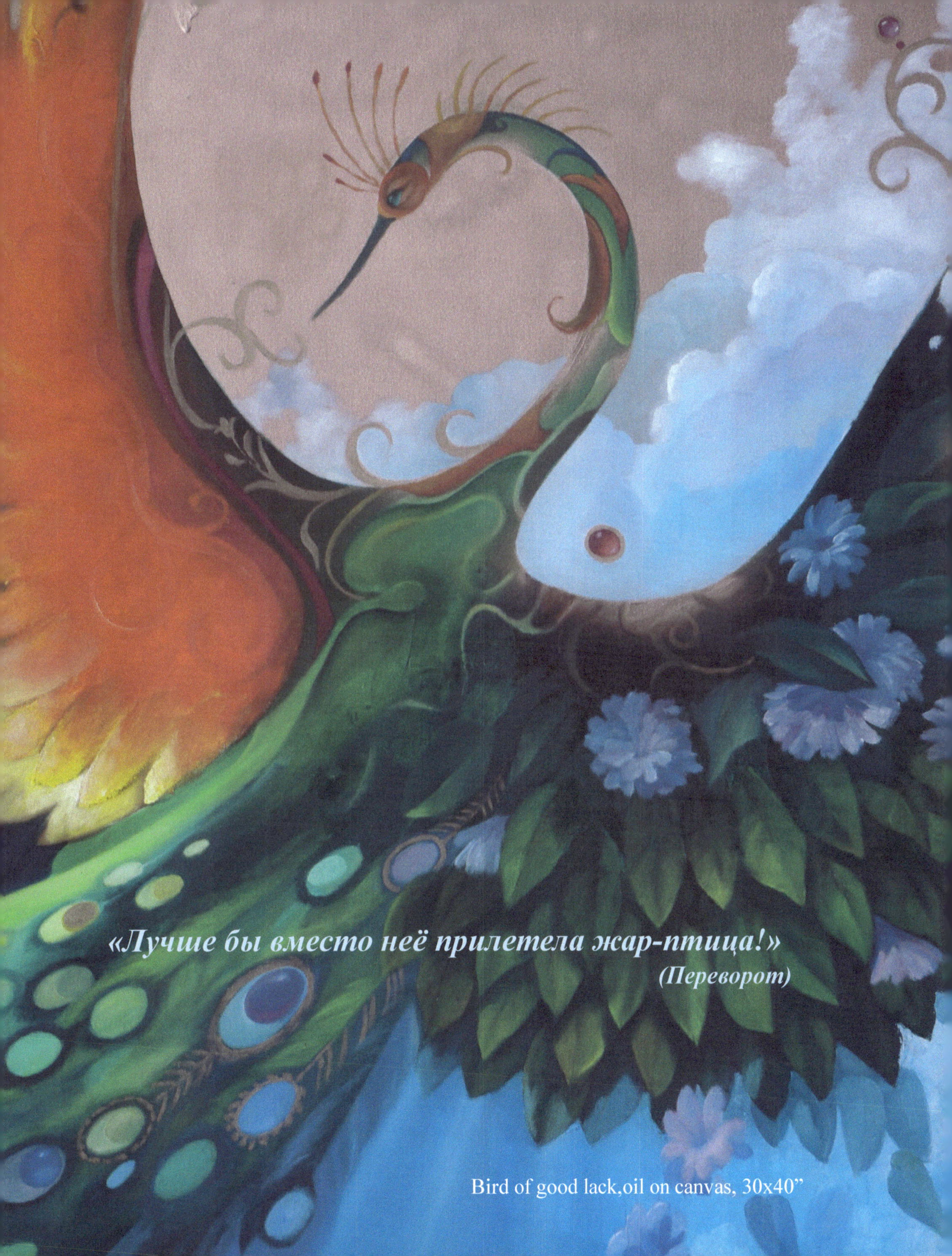

Bird of good lack,oil on canvas, 30x40”

«Сотни лет стиховых до утра…»

(«Стеариновый оттиск луны...»)

My House is on the Moon, oil on canvas, 19x26"

* * *

Стеариновый оттиск луны.
Всплеск пера по чернильной волне,
Недописанных букв валуны
С затонувшей строкой в глубине,
И попутные мысли-ветра
Чуть ерошат тетрадную гладь.
Сотни лет стиховых до утра,
Коль удастся его написать.

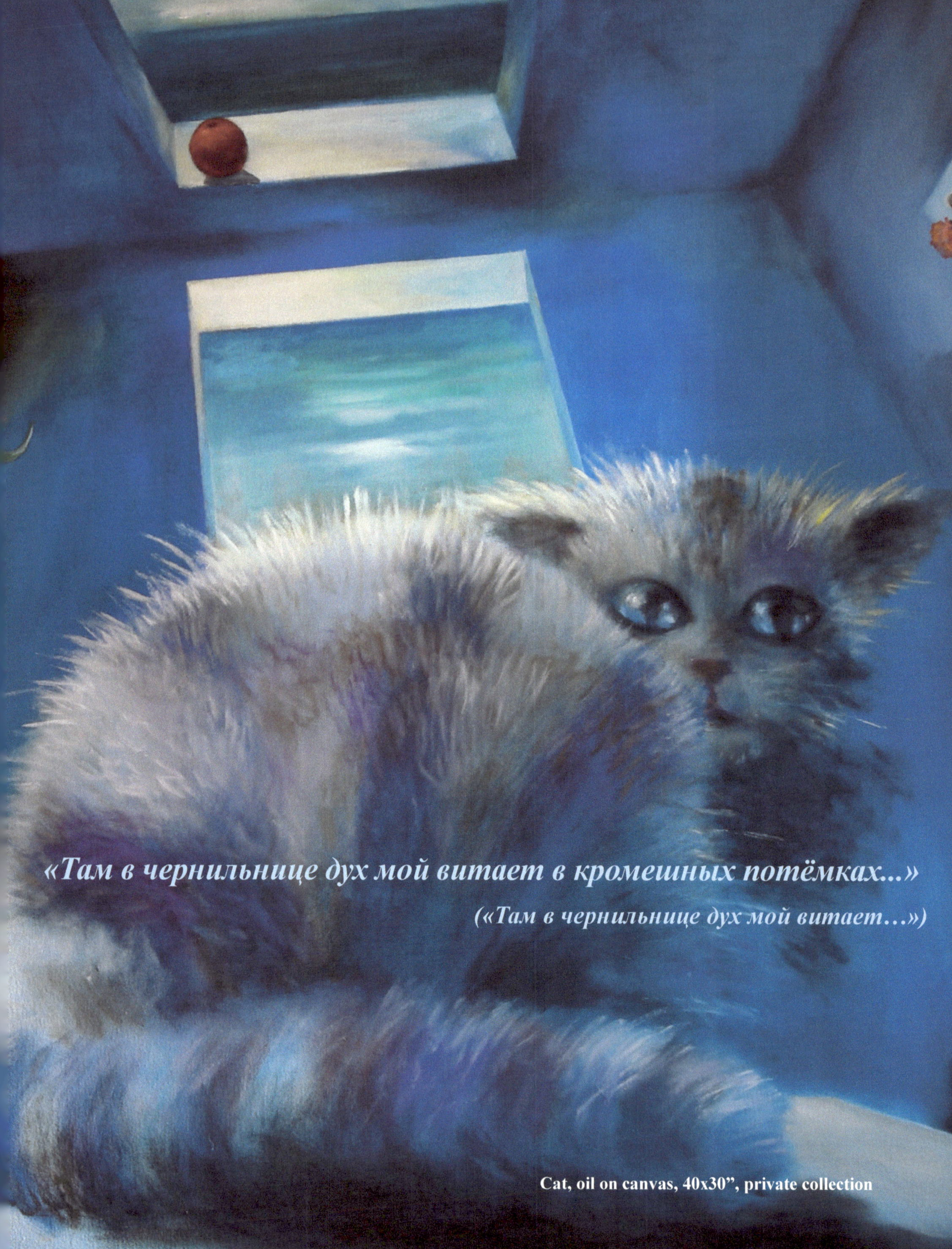

«Там в чернильнице дух мой витает в кромешных потёмках...»

(«Там в чернильнице дух мой витает…»)

Cat, oil on canvas, 40x30", private collection

* * *

Там в чернильнице дух мой витает
в кромешных потёмках.
С этой жизнью двойной я вчера не покончила разве?
— Спи-усни, — говорю,
а луна с завитками ребёнка
Сквозь чернильную скважину смотрит в чужие фантазии.
— Уходи, — говорю. — Мгла чернил не для глаз твоих детских.
Кто спустился туда, тот уж вынырнет чем-то другим.
Возвращайся к себе и примеривай звёзд подвески —
Ни к чему тебе мрачный чернильный нимб.
А она не уходит,
и брезжит её любопытство.
Я смирилась,
и стол к нему тоже привык.
Только нет в том просвета,
И темень в чернильнице длится,
И не пишется набело сонный мой черновик.

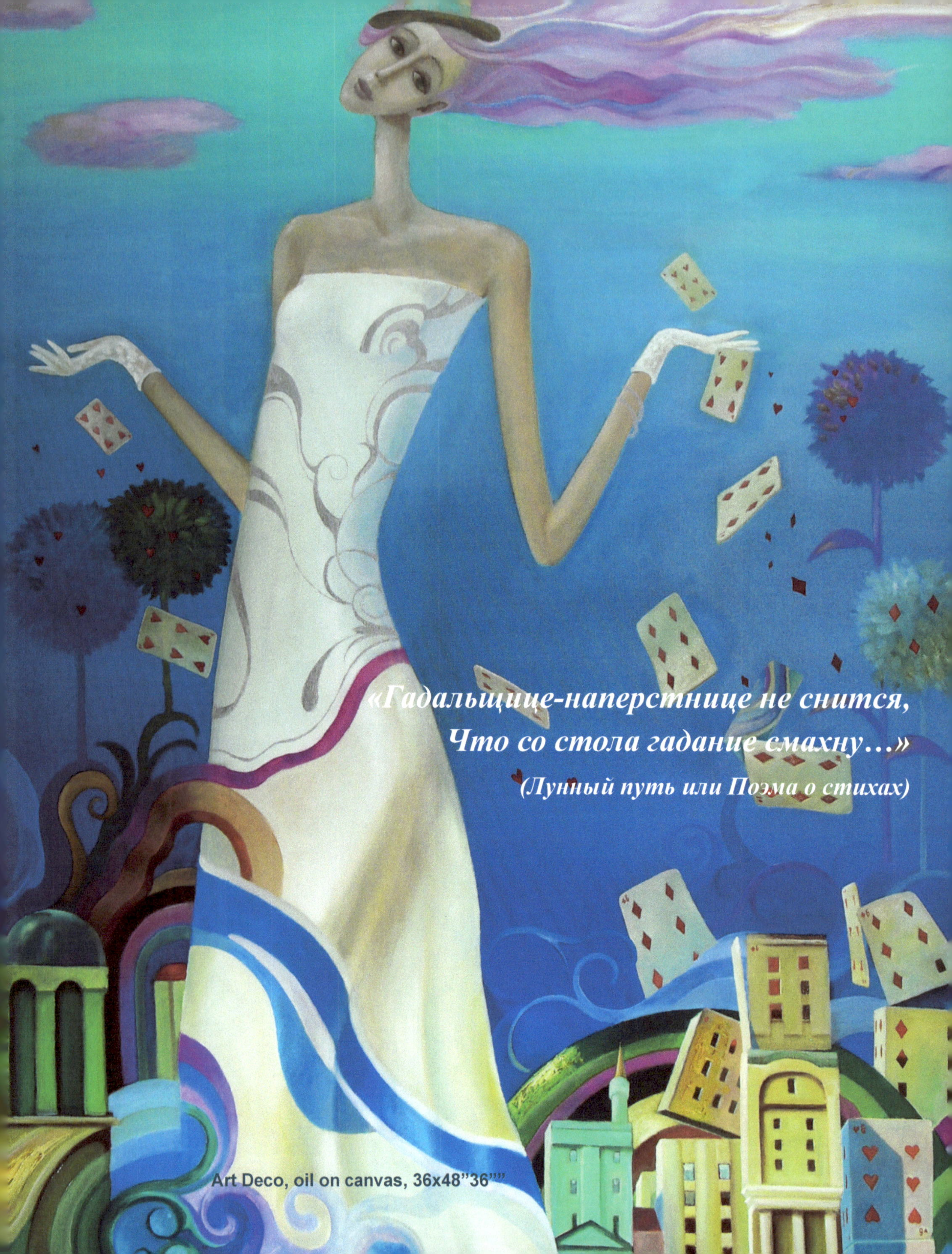

«Гадальщице-наперстнице не снится,
Что со стола гадание смахну...»
(Лунный путь или Поэма о стихах)

Art Deco, oil on canvas, 36x48"36""

ЛУННЫЙ ПУТЬ
Или поэма о стихах

...рознь луне луна,
И вечность дважды не встречалась
с ней же.
<...>
Единственность, ты имени не просишь,
и только так тебя я назову.
Лишь множества — не различить без прозвищ.
Белла Ахмадулина, «Род занятий»

На острове…
Скорей — на островке,
Что в океане вечера заброшен
И сумерками густо запорошен,
Близ Овена,
Где луг невдалеке
Предусмотрительно никем не скошен, –
Там, начиная вечности отсчёт,
Выстраивает
Тверди и восход
Та...
Как назвать?
Она неблагосклонна
Ко всем названьям, знаю точно я.
И тщетно вопрошать у небосклона
Как называть её
И те края.
Пусть будет так:
Единственность — пенаты,
А Овен — друг.
Вот все координаты.
По ним найти её немудрено.
Открыто настежь, в ночь моё окно,
И тридцать лун
Безумно и крылато
Небесное вихрят панно.

Ах, в путь — так в путь!
Не думать,
Не рядиться
С разбросанной судьбою
По сукну.
Гадальщице-наперстнице
Не снится,
Что со стола
Гадание смахну
И крикну:
— Ждёт, не видишь, колесница!
И укажу
На первую луну.

Она мне ухает: — Вернись, назад!
Расположенье звёзд
И наших карт,
Взгляни,
На редкость неблагоприятно!
Эй, образумься!

Будь же ты неладна!
Мне не сдержать
Моих коней азарт!

Отныне — мчусь.
Разорван бренный круг
Могущественно-карточного
Знанья.
Да здравствует
Бессмертный Овен-друг
И край
Без сотворенья и названья!

Я повторяю:
Рознь луне луна,
И вечность дважды
Не встречалась с ней же.
И новый лунный свет
Глаза мне режет,
И новые готовлю стремена.

Вперёд, вперёд!
Дойти до перевала!
О, сколько лун уже я поменяла...
И столько же сменить осталось мне.
И каждый путь –
Нелёгкий путь,
Сначала,
Который не дозволено вчерне
Промчать. Таков закон положен.
Суров закон. Как лунный путь суров.
И потому так жёстко непреложен,
Что чужд названий суетных
И слов.
Как хорошо
Названьями забыться,
И датами скрепляя письмена,
К луне воспетой
Дважды возвратиться!
Но повторяю —
Рознь луне луна.

Вперёд, вперёд!
Я — худший гость, незваный.
Я — смерч.
Я — отрешенье.
Я — напасть.
И остров,
И хозяин безымянный
Пожнут
Во мне посеянную Страсть.

Вперёд, вперёд!
Мой Овен — Огнь Вселенной.
Я небу предъявляю счёт недель,
За карточным столом
Тяжбою бренной
Откладывавших звёздный мой апрель.
Апрель — настал.
И пятое подходит,
И мне — родиться
Всем наперекор.
И пусть по книжке чёрной злобно водит
Блюститель слов — Единственности вор.
Мой путь начертан. Только не тобою.
И для тебя была б огромной честь
Сон чернокнижный
Называть судьбою
И буквами
Единственность прочесть.
Я не в твоей,
О, чернокнижник, власти.
Я — Овна дочь законная
И Страсти.
И та, что в этот миг
Не ждёт меня, –
Меня узнает
По кометной масти
И цвету глаз,
Которых цвет — огня.

Быстрей, быстрей!
Последняя луна,
Что медлишь ты,
Что провисаешь низко?
Предчувствую –
Мой остров близко, близко.
Испробуй же, толстуха, стремена!

— Ох, я устала.
Погоди, постой…
Настало время нам остепениться.
Как ты войдёшь
К той, безымянной,
Той,

Которая страстей бесплотных жрица?
— Как я войду?
Да я ворвусь огнём!

— Нет, не годится: Ты дала названье.
Подумай –
Мы с названьем
Не войдём.

— Как я войду... Войду...
Как на закланье.
Скажу:
Вот тридцать первая луна.
Нет, новый месяц,
Острый нож садовый.
Возьми его,
И жертвенником —
Слово
Пусть будет мне
Навеки-времена.

Ещё скажу:
— Апрель меня сгубил.
Он дал мне смерть,
Когда давал рожденье.
К десятому уляжется мой пыл,
Но к пятому
Наступит воскрешенье.
И я готова с мужеством принять
Весь путь мой –
Лунный путь,
И эти пять –
Пять дней, пять ран...
На жертвенник для Овна
Готова я взойти
Беспрекословно.

Луна, луна! Хитрейшая из лун…
Свой монолог себе я дочитала.
Она меня
Давно уже домчала
И среди облачных
Размылась дюн.

Вот остров мой –
Предмет моих стремлений,
Моих мытарств,
Судьбы хитросплетений.
Вот — Овен,
Что в нескошенных лугах.
Обворожительным бессмертием лукав,
Меня манит он
К хижине заветной.
За ним, за ним
Дорогою кометной!
Меня приводит
К хижине пустой
И удаляется.
Кричу: — Постой!
Ах, Овен, стой!
Твоя хозяйка где же?

Сверкнул руном:
— Моя хозяйка где?
Да вечность дважды
Не встречалась с ней же!

Всё так, всё так!
Идём к своей черте
Маршрутом вековечным, безусловным,
И только путь к себе неповторим.
И не бывает встречи
Овна с Овном.
Рождённый звёздно
И без встречи зрим.
Лишь одержимый
Сможет так рискнуть
И мчаться,
Обгоняя вихри, смерчи,
И получить в подарок Лунный путь
Взамен
Невероятной встречи.

«Ах, в путь – так в путь!»

(Лунный путь или Поэма о стихах)

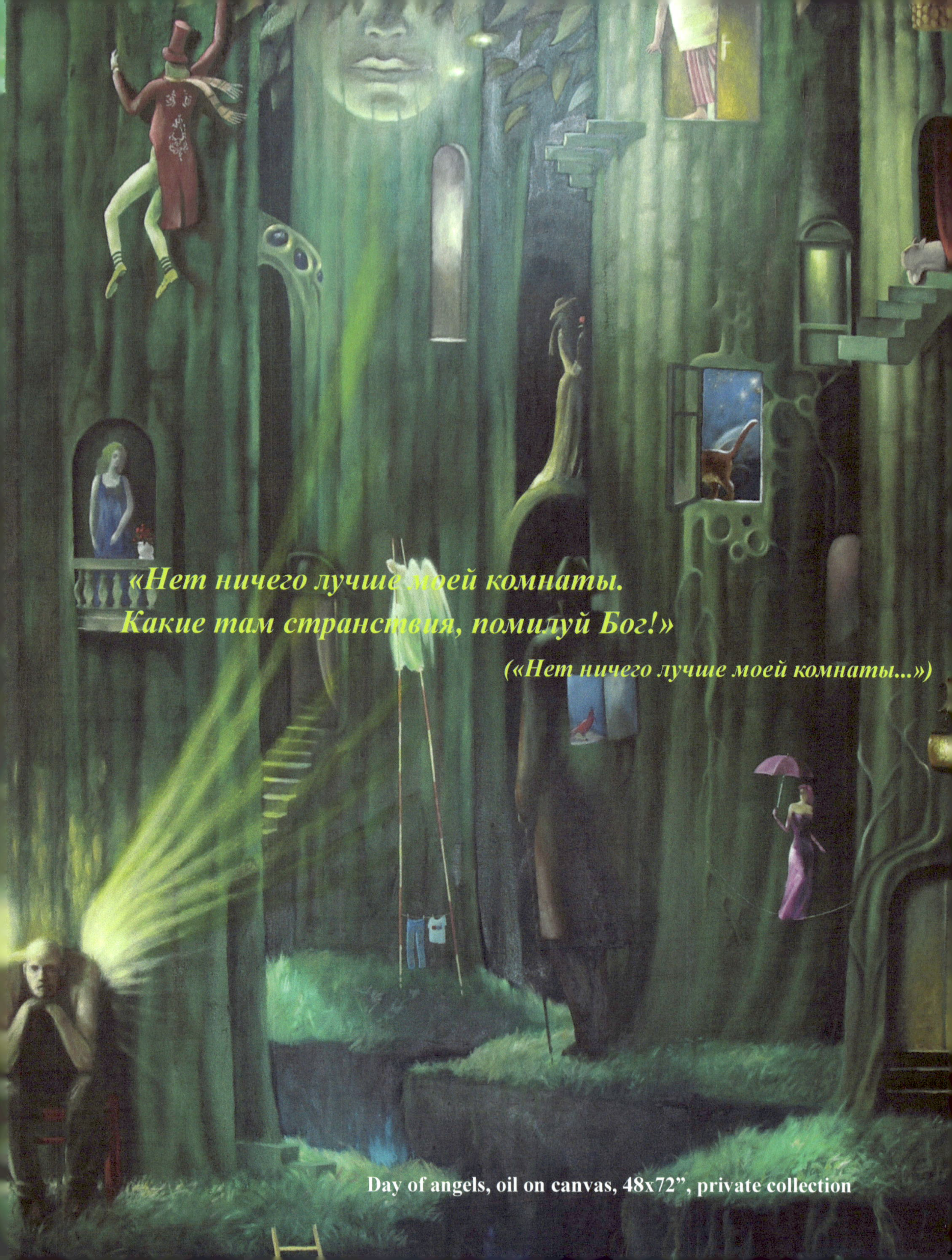

«Нет ничего лучше моей комнаты.
Какие там странствия, помилуй Бог!»

(«Нет ничего лучше моей комнаты...»)

Day of angels, oil on canvas, 48x72", private collection

* * *

Нет ничего лучше моей комнаты.
Какие там странствия, помилуй Бог!
Шторы полузадернуты,
И декламируют в потолок
Ходики: «Три часа ночи»,
Что и на самом деле.
Пишу, как в добрые времена, в постели,
Переглядываясь с луной.
Полная гармония между миром и мной.
Что-то было, а чего-то не было,
О чем-то обстоятельно, а о чем-то бегло.
Сосед за стеною ворочается для реальности,
Поругивая сновидения («ну-ну-ну!»),
Пока я,
Мучаясь выражением модальности,
Не усну.

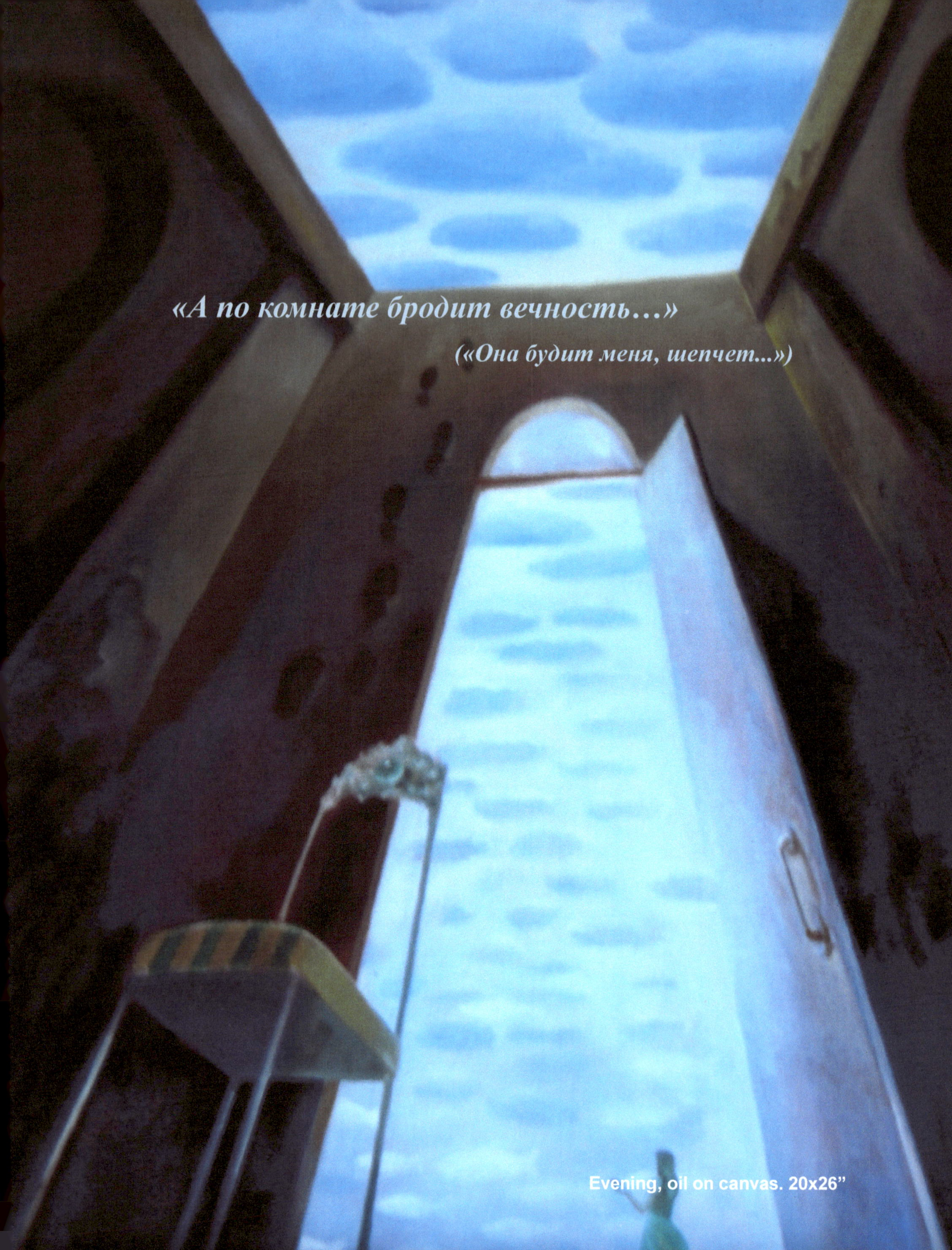

Evening, oil on canvas. 20x26”

* * *

Она будит меня, шепчет.
Я за нею пишу, засыпаю.
А по комнате бродит вечность
Неприкаянная, слепая.
Так и бродят они вместе,
Их приход не дано разгадать мне.
И подносит она месяц
К побелевшей моей тетради.
Разобрать пытается почерк.
Хлещет ветер наотмашь ветками.
Снова шепчет. Чего она хочет?
Я пишу с закрытыми веками.
Сон — как будто в сознанье провалы
С пробуждения краткой ремиссией.
Видно, что-то не досказала
Перед тем, как покинуть мир сей…

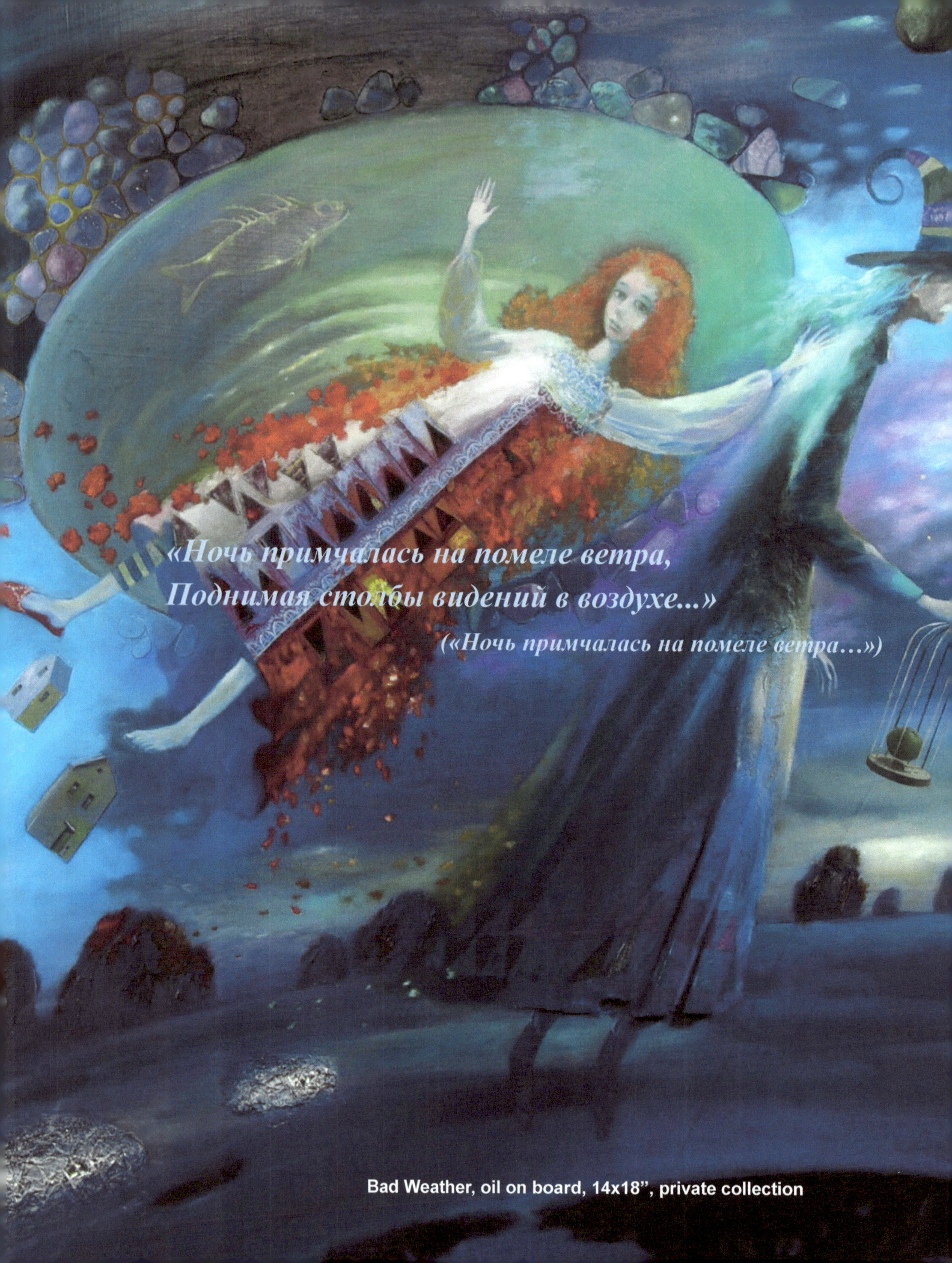

«Ночь примчалась на помеле ветра,
Поднимая столбы видений в воздухе...»

(«Ночь примчалась на помеле ветра…»)

Bad Weather, oil on board, 14x18", private collection

* * *

**Ночь примчалась на помеле ветра,
Поднимая столбы видений в воздухе.
Они толкались у тетради в костюмерной,
Вскакивали в стих, сваливались в прозу,
Барахтались в жиже клякс и кофейных пятен,
Смотрели на часы, шептали молитву
(Страшились их боя — им был неприятен
Шанс превратиться в крысу или тыкву).
Качалась свеча с лицом опухшим.
Лист корёжился. Пахло гарью.
Перо накалывало слова, как мушки,
Пополняя страниц исчёркaнный гербарий.
— Яду мне, яду! — стонала чернильница,
И ночь-Бастинда мешала в ней варево.
Мешался ум. — Это всё тебе снится, —
Кто-то напрасно его уговаривал.
Стрелки складывались в молитве о помощи,
Маятник раскачивал свою люльку,
И время бежало прочь от полночи,
Теряя безвозвратно волшебную туфельку.**

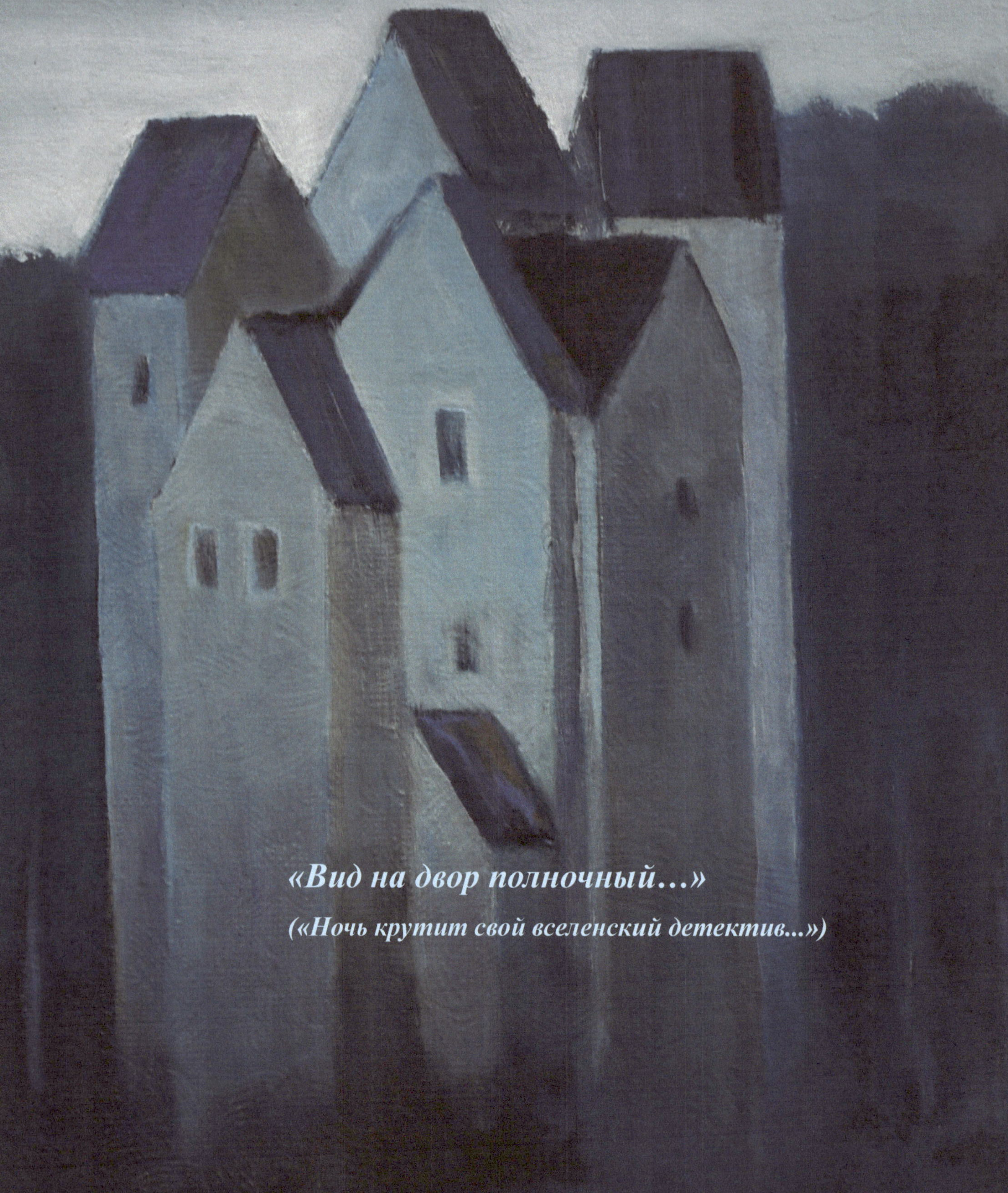

«Вид на двор полночный…»

(«Ночь крутит свой вселенский детектив...»)

Scared buildings, oil on board, 14x18”, private collection

* * *

Ночь крутит свой вселенский детектив.
Перо опять скребётся по бумаге.
Его б упрятать в ящик — замок Иф,
Но не поймаю — нет такой приманки.
Бурчание растрёпанной свечи
С повязкою из воска от мигрени.
И хочется ей крикнуть: «замолчи!»,
Но начеку сторожевые тени.
А рукопись исчёркана до дыр,
И дух свечи над ней свивает кольца.
Страница в правках — настоящий тир,
Где в яблочко попасть не удаётся.
И кресло недовольно, и окно —
В нём вид на двор полночный и обратно,
Где со столом раздор у нас давно —
Идём войной, как брат идёт на брата.
Ворочается жёсткая кровать
С проклятиями всяческого рода,
И сон, что с ней приятно рифмовать,
Уходит прочь, потребовав развода.

«Тучей лунный свет распилен...»

Angel in the forest, oil on canvas, 16x20”

* * *

Тучей лунный свет распилен.
Ухнул в тьму трамвай, как филин,
В нижний мир уплыл,
И часы пробили полночь,
Позвала строка на помощь
Из тетрадной мглы.
Заплясало пламя свечки,
И перо дало осечку.
Буква сорвалась
С ветки слова
В бездну кляксы.
Блик вернуть её поклялся…
И прервалась связь.

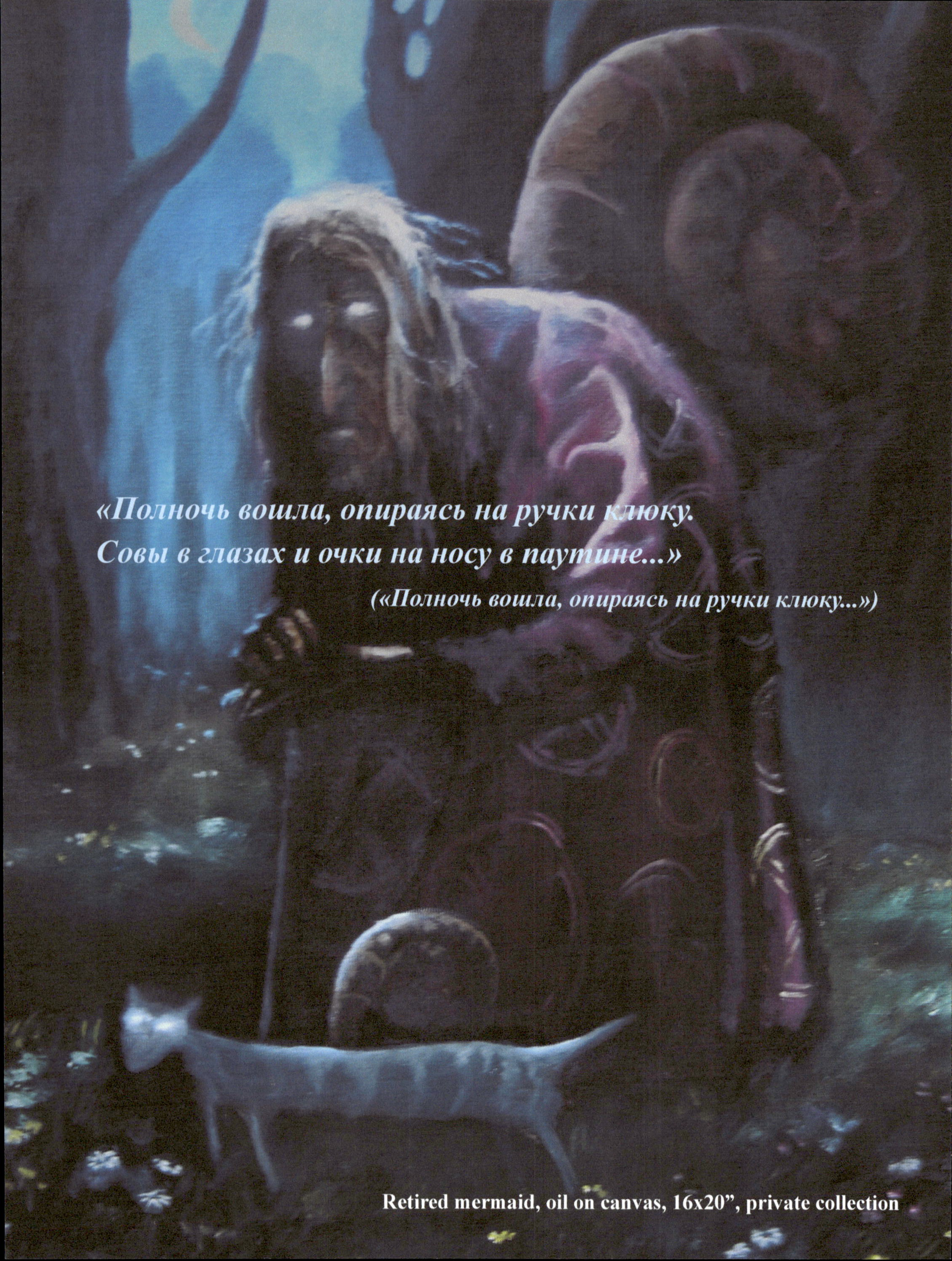

«Полночь вошла, опираясь на ручки клюку.
Совы в глазах и очки на носу в паутине...»

(«Полночь вошла, опираясь на ручки клюку...»)

Retired mermaid, oil on canvas, 16x20", private collection

* * *

**Полночь вошла, опираясь на ручки клюку.
Совы в глазах и очки на носу в паутине.
Ходики с боем фальшиво пропели: «ку-ку»,
И шестерёнку заело в их адской машине.
Значит, опять не удастся забыться в раю
Снов, дозревающих в тёмном провале подушки.
— Ладно, садись, коль пришла, — я, вздохнув, говорю,
И отступают, чуть мешкая, райские кущи.**

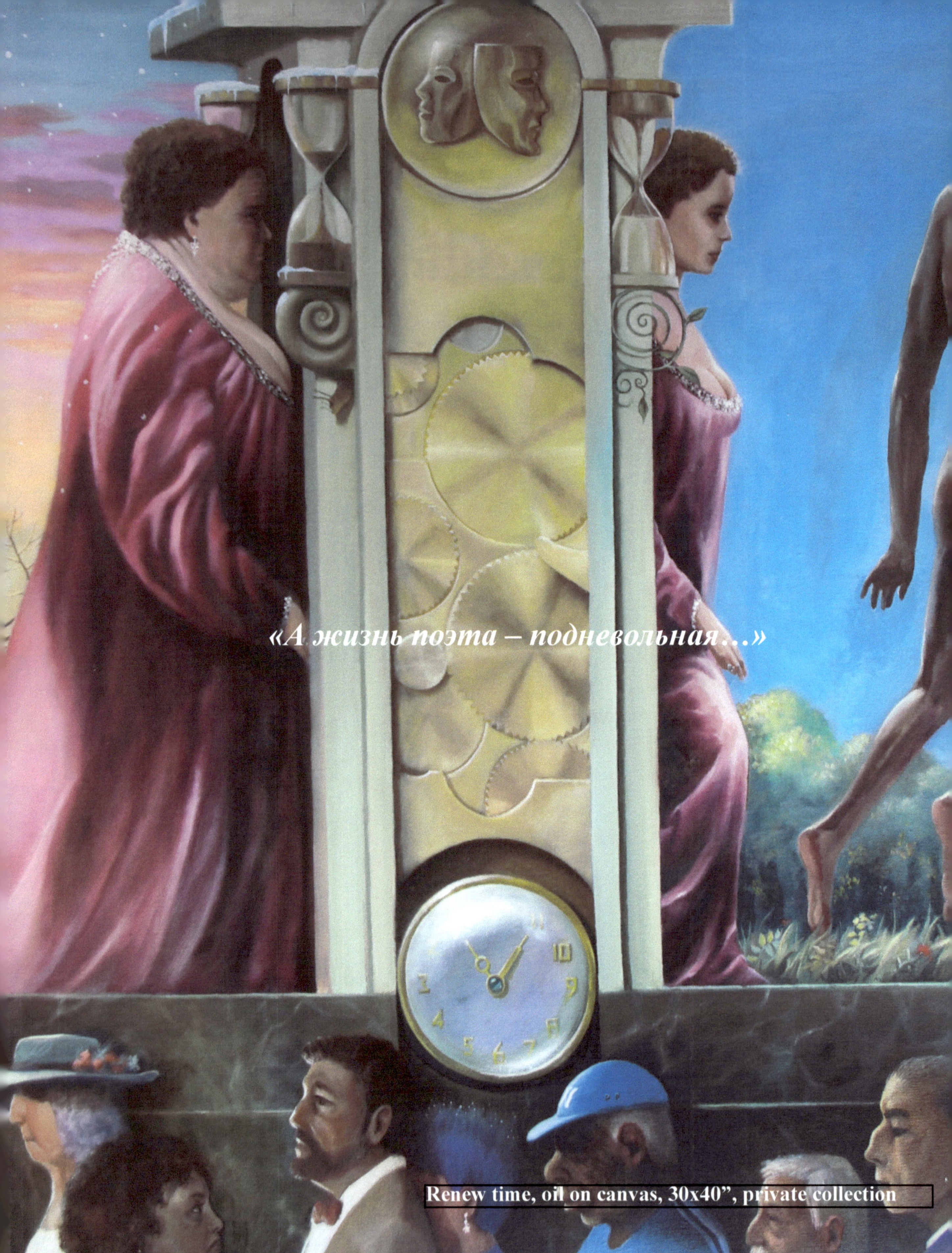

«А жизнь поэта – подневольная...»

Renew time, oil on canvas, 30x40", private collection

* * *

А жизнь поэта — подневольная:
Что Бог пошлёт. Бери, не сетуя.
Чернильница — в виске пробоина
С засохшей кровью фиолетовой.
Стол — поле брани. На обочинах —
Вповалку книги баррикадами.
Пустые гильзы перьев сточенных
Да тёмные бинты тетрадные.
Смеркается в окопах ящиков.
Притихло дезертир-наитие,
Как будто без вести пропащее.
И нет конца чернопролитию.

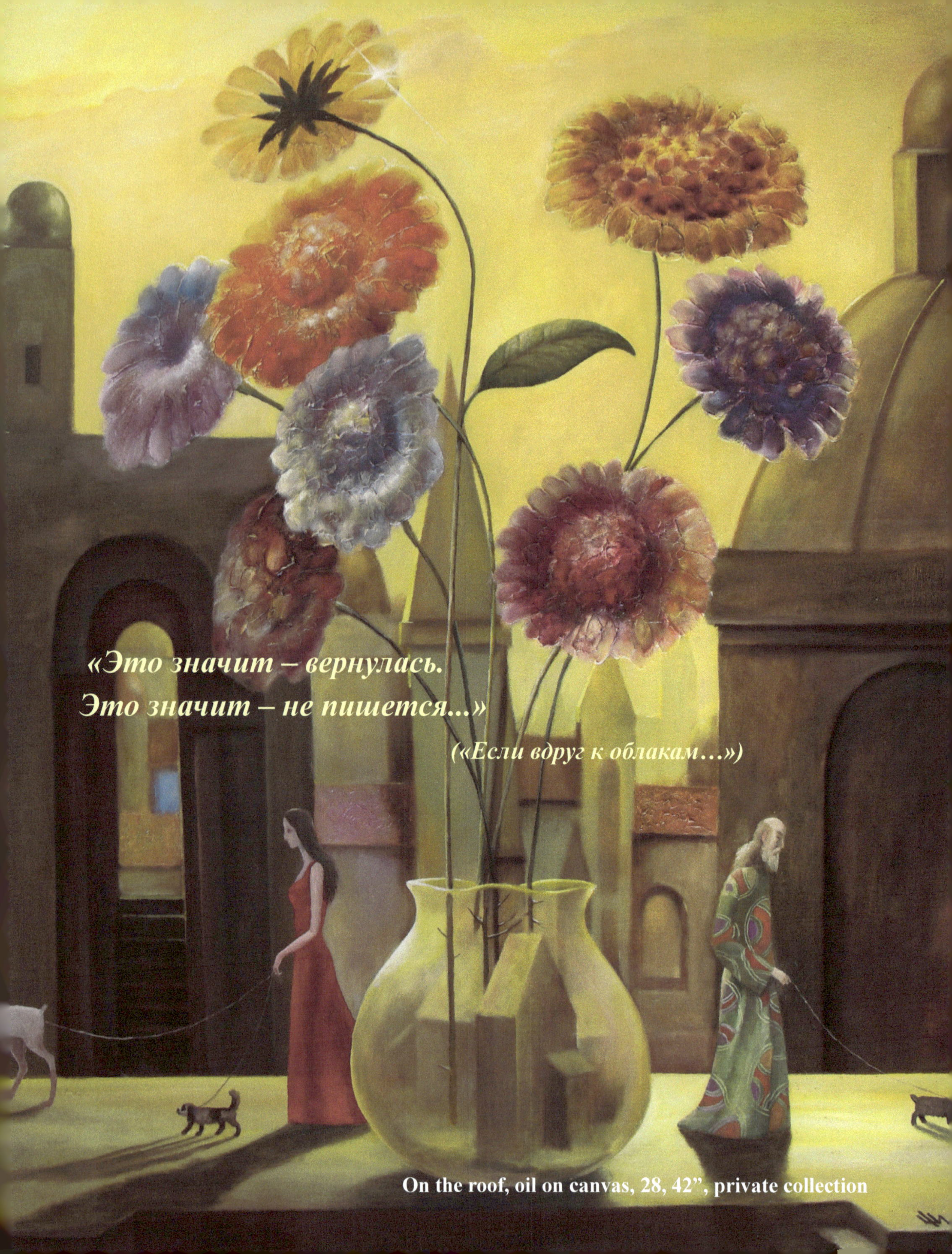

«Это значит – вернулась.
Это значит – не пишется...»

(«Если вдруг к облакам…»)

On the roof, oil on canvas, 28, 42", private collection

* * *

Если вдруг к облакам
добавляются крыши и статуи,
Запах сдобного хлеба, бензина,
другие излишества,
Если ночь не исходит чернильными пятнами,
Это значит — вернулась.
Это значит — не пишется.
Сколько так протяну
на глюкозе бездумности
Безмятежной нахлебницей города
с капелькой облака,
С одинокой извилиной
медленно мыслящей улицы,
С опечаткой следа у двери,
что не ждёт никого пока?
Хорошо тут и просто.
Мечтают деревья о вечности.
Отражается в лужах
невидимый мир запредельного,
Высота в глубине,
словно рыба сферальная плещется,
В чешуе мирозданье вихрит от потопа до Эллина.
Я к тебе прижимаюсь.
Кругами во тьме кто-то движется.
Это время,
как пудель в стремленье приблизиться к Фаусту.
Шлёпнув кляксой дождя,
усмехается ночь-чернокнижница.
Значит, снова уйду,
чтобы всё переписывать начисто.

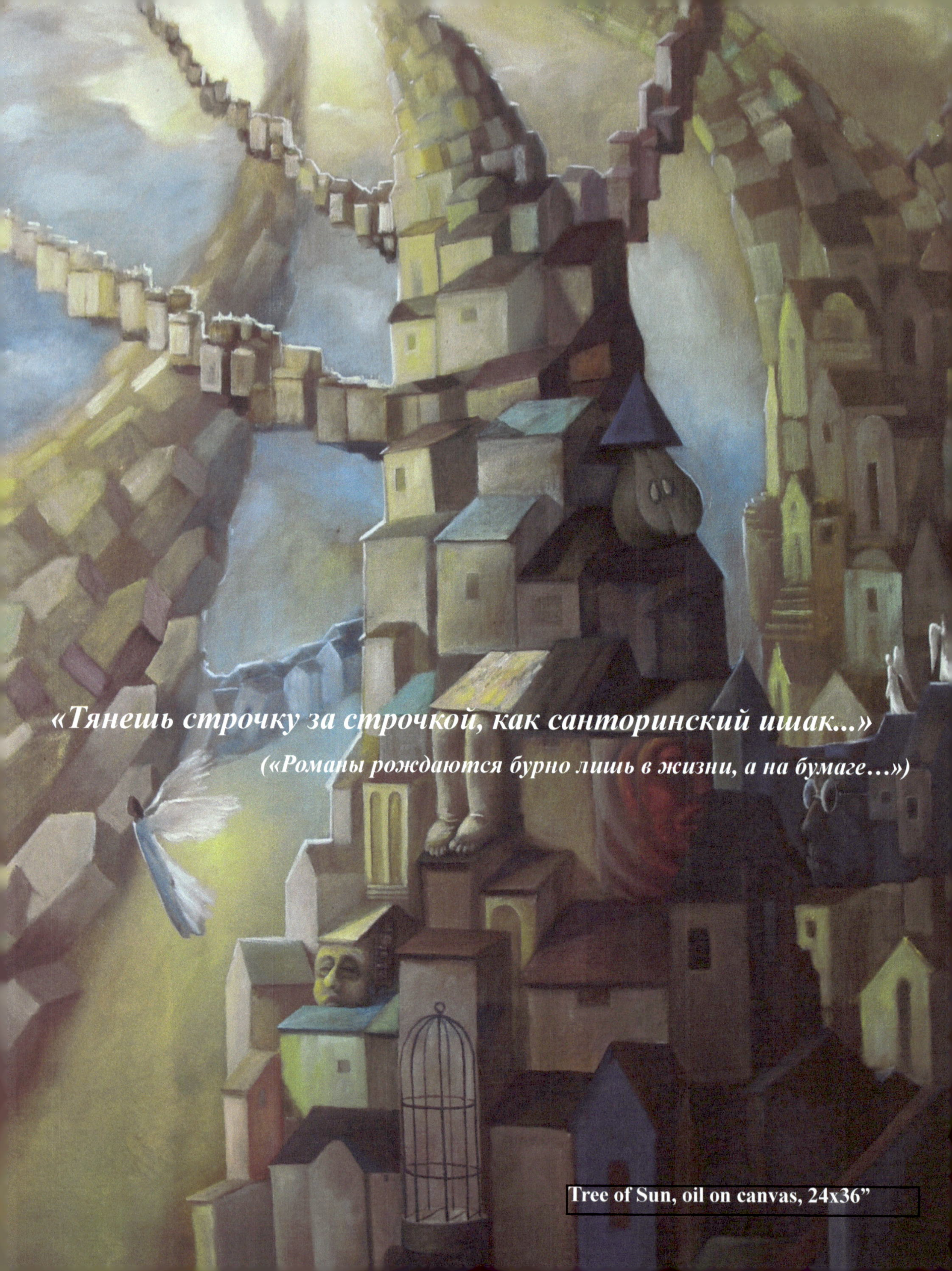

«Тянешь строчку за строчкой, как санторинский ишак...»

(«Романы рождаются бурно лишь в жизни, а на бумаге…»)

Tree of Sun, oil on canvas, 24x36”

* * *

Романы рождаются бурно лишь в жизни, а на бумаге…
Тянешь строчку за строчкой, как санторинский ишак.
О фантазия, — движение муравья по коряге,
Видящего в ней инопланетный ландшафт!

Ночью в комнате время шуршит по стенам.
Башмаком запустить бы,
да что толку — опять улизнёт.
И пространство от этого брака
становится канцерогенным.
Вот такие романы… Имеющий ум да смекнёт.

За пределами книги — чернил непролазная слякоть,
Тусклый свет фонаря,
нелюдимый квартал на сто вёрст.
И повозка с рогожей, под которой не я хоть,
Но достаточно мне и того,
Что мой ум с ней меня соотнёс.

Я туда — ни ногой.
Там строчит без оглядки, без цели,
Без мучительной правки — наобум, на авось —
Беллетристка-судьба свой бульварный бестселлер,
На который всегда возрастающий спрос.

Я туда — ни строкой.
И бумага промокла до нитки,
И в чернильнице ночь,
будто я пишу в старину,
Где спираль мирозданья
почти что такая, как в свитке,
С неразгаданной связью меж теми, кто их свернул.

В печке тихо потрескивают
горящие звёзды.
Веткой жизни
печальница-память шевелит золу.
Пляшет пламя,
а так — кроме нас — никого здесь.
— Прояснятся ль чернила до завтра? —
вздыхаю в их мглу.

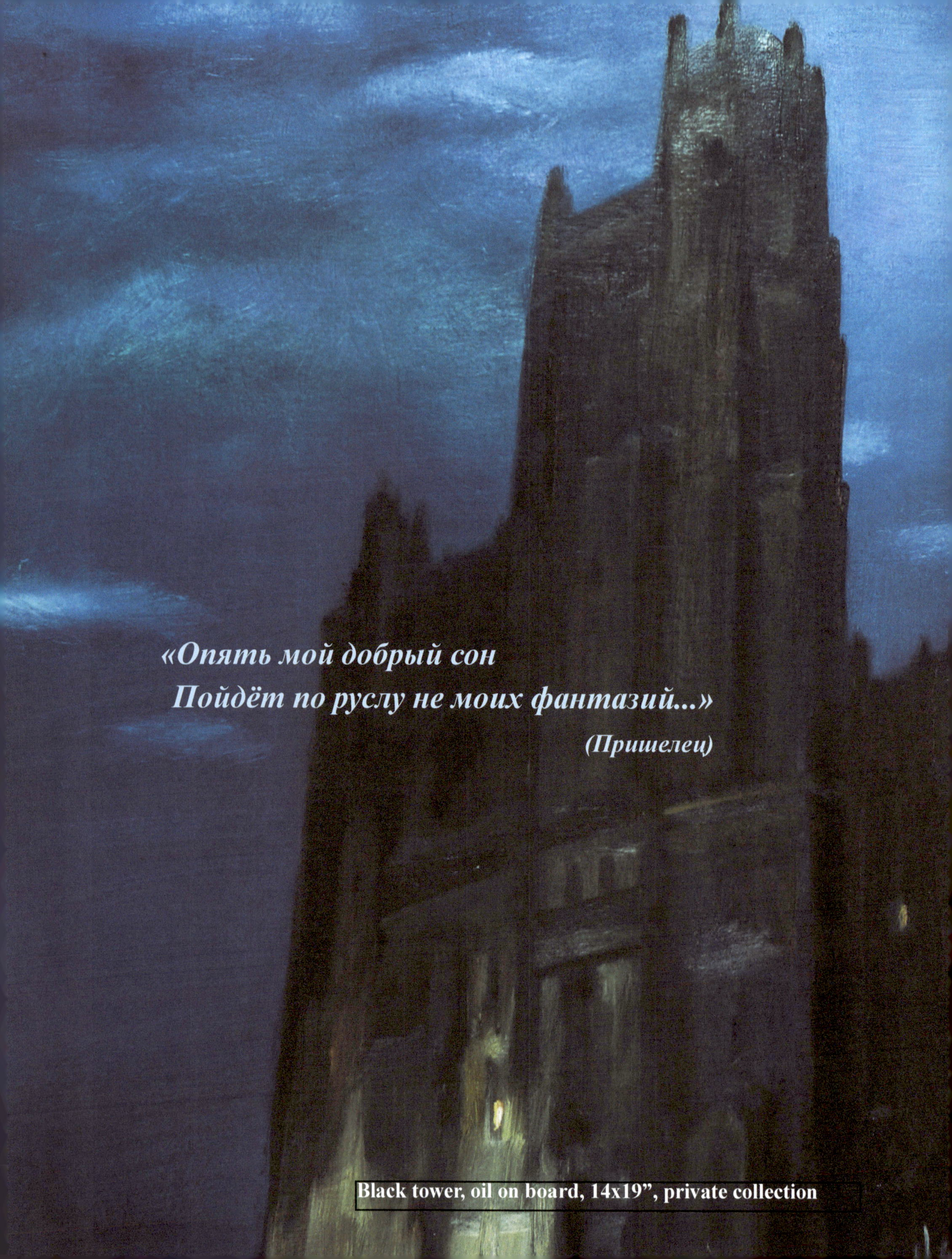

«Опять мой добрый сон
Пойдёт по руслу не моих фантазий...»

(Пришелец)

Black tower, oil on board, 14x19", private collection

ПРИШЕЛЕЦ

Опять ты здесь.
Опять мой добрый сон
Пойдёт по руслу не моих фантазий.
Опять он будет полон безобразий
И возмутителен изменчивостью форм.
Прошу тебя, оставь меня, оставь!
Мой сон — творец бывалых впечатлений.
Равно как сны всех бывших поколений,
Он — отголосок яви, но не явь.

Иду к полузабытому окну.
Колодец-дворик, как и в детстве, узок.
В нём призрачное эхо лунных музык
Выращивает полную луну.

Старинный двор, ты скопище дождей,
Вселенная размытых отражений,
Обманчивый, угрюмый мир брожений
Изменчиво-незыблемых идей.
Любимый двор, сторонник вечеров,
Ты верен лишь вечернему укладу,
Где ветхость крыш твой составляет кров,
Как сырость — вечную твою прохладу.

Здесь вечно всё: коляска у двери,
Старушка на скамейке у порога,
Её молитва на день раза три,
Вязание и ожиданье Бога.

Ах, двор мой, двор!
Ты снишься мне не раз,
И в сне моём себе ты уподоблен.
Но нынче — сон с безумием помолвлен,
Но нынче — в сон вклинился чуждый глаз.
Он вывернет мгновенно наизнанку
Все образы, пришедшие ко мне.
И появленье это спозаранку
Предначертали в заревом огне
Тревожные багряные прологи.
Вздувались неба летнего ожоги
И облаками проносились в дне.

**День полыхал июльским наважденьем,
Потрескивали остро провода,
И ветер с неприкрытым вожделеньем
Засматривался в сумерки, туда,
Где я для встречи подобью подушку,
Чтобы увидеть незабвенный двор,
Коляску, одинокую старушку,
Пришедшую в бессменный свой дозор...**

**...Мой чёрный двор безмолвен и убог.
Он отражения не сущих мечет.
В нём равнозначны двери и порог.
Молчит дитя, рождённое под вечер.
Неслышною молитвой сведены
Натруженные челюсти старухи,
И ангелы, которые должны
Её услышать, — далеки и глухи.**

**Окоченение вечера. Пора
Зажечь созвездий мутные лампады,
Что заготовлены ещё с утра
Чертовской проницательностью взгляда.
И там, где отражение моё
Навстречу мне вечерний взгляд сулило,
Старуха руки мертвенно сложила,
И спит ребёнок справа от неё.**

**И различаю я свои черты
В чертах младенца и старухи, влитой
В скамью. И у порога — у черты —
Готовы к погребению, омыты
Дворовой сыростью мои мечты.
Былые дни теперь — надгробья плиты.**

**Что написать, ну что же написать!..
Скорей, пока с душой нерасторжима,
Пока загадка мной неразрешима,
А значит — можно кое-что сказать!..
Но что же, что? Старуха и ребёнок.
Порог и двери. Явь и сон во сне.
Неодолимый чёткий ход потёмок —
Как стрелок ход, направленный ко мне.**

Кем я была? Сначала — этим тельцем,
Немогущим открыть заслон дверей.
Затем — желающей переступить скорей
Порог. Но между, помнится, с Пришельцем
Мне доводилось по свету кружить
И на бумаге ночью ворожить,
И мнить не подмастерьем, но умельцем
Себя... Но как проверить, как дожить
До истины единственной, до знанья
Зачем строка кружила, для чего,
И агнца невинного закланье
Коль было впрямь, то агнца — чьего,
Чьих стад? Пришельца?
Кто пастух? Не ветер?
Кто очевидец? Не сожжённый ль день?
А нож — не месяц, сгорбившийся в дельте
Ночи?.. Но вряд ли эта дребедень
Надгробными могла бы стать стихами.
Прощаюсь с агнцами, их пастухами.
Смотрю в колодец скорбного двора —
Старуха безымянностью мудра
И сложенными в благости руками.
Младенец снами путаными мудр,
И предстоит ему немало утр,
Пока забудется он яви снами.

Пришелец спутывает мыслей ход.
Он очерёдность знает и черёд.
И он не посягнёт на день грядущий,
Как на ушедший день не посягнёт.
Его владенье — настоящий миг.
Моё владенье — прошлое, и только.
Мы в этом с ним не сходимся нисколько
С тех пор, как этот мир со мной возник.
Весь этот мир, в котором добрый двор
Предметом стал полночных размышлений.
Пришелец — гость. Я — узник посещений.
И вряд ли мне его оспорить вздор.

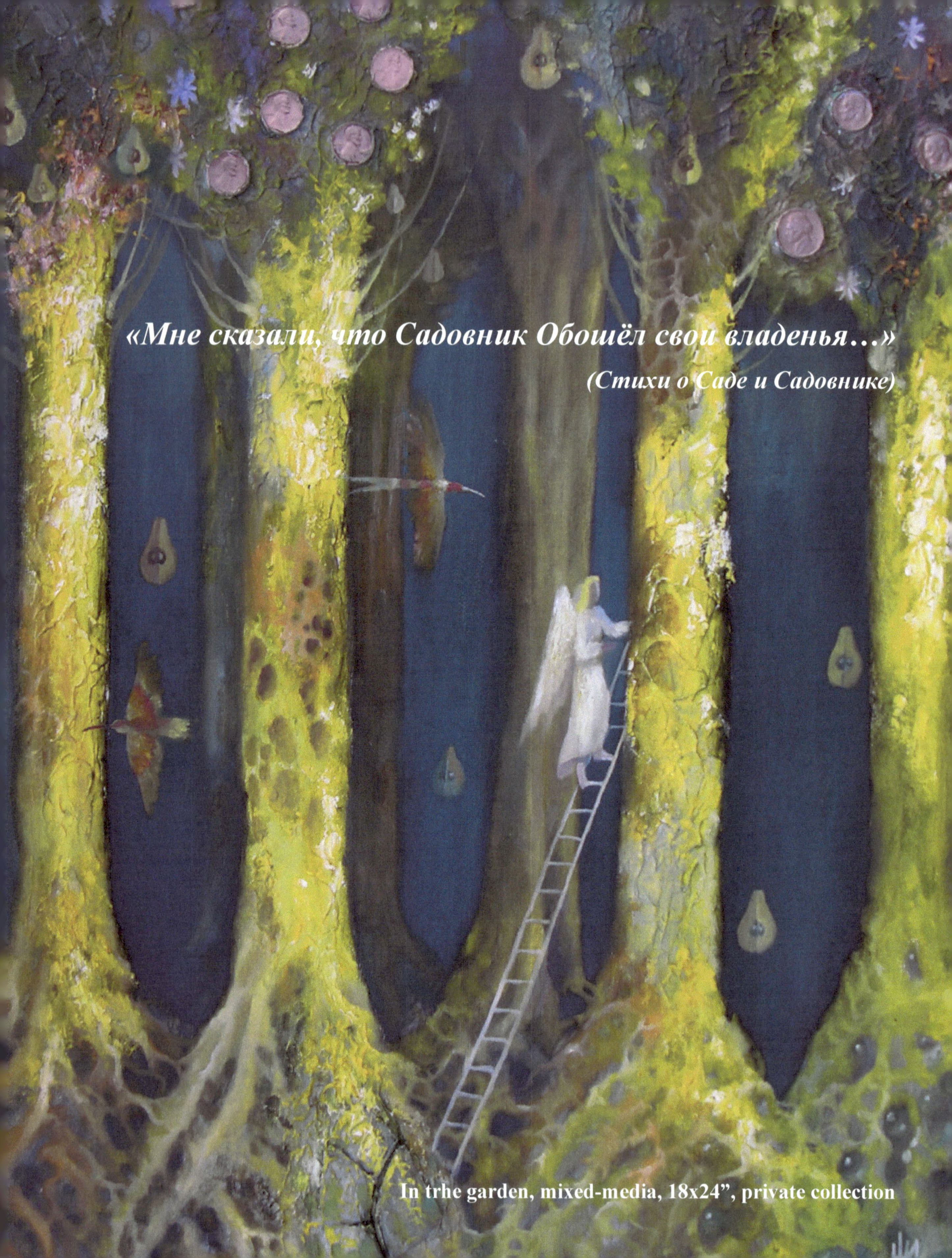

In trhe garden, mixed-media, 18x24”, private collection

СТИХИ О САДЕ И САДОВНИКЕ

Я вышла в сад, но глушь и роскошь
живут не здесь, а в слове: "сад".
Белла Ахмадулина

Б.А.

Мне сказали, что Садовник
Обошёл свои владенья
И пошёл по той дороге,
Что уводит в предрассвет.
Мне сказали, это было
Ровно в полночь, в воскресенье,
И об этом точно знает
Всякий сведущий сосед.
— А какое было небо? –
У соседа я спросила.
— Небо было, как на полночь, –
Отвечал, сердясь, сосед.
— Что он взял с собой в дорогу?
За плечами что-то было?
— Ничего... — Сосед подумал
И смутясь, добавил: — Свет.
Поняла, что в воскресенье
Разлилась луна по саду
И Садовника манила
Той, обратной, стороной.
Ждать его навряд ли надо –
Он пошёл искать рассаду
И раскланиваться станет
Только с ночью и луной.

«В медном солнце древний Таллинн…»

(«То ли ночь за облаками…»)

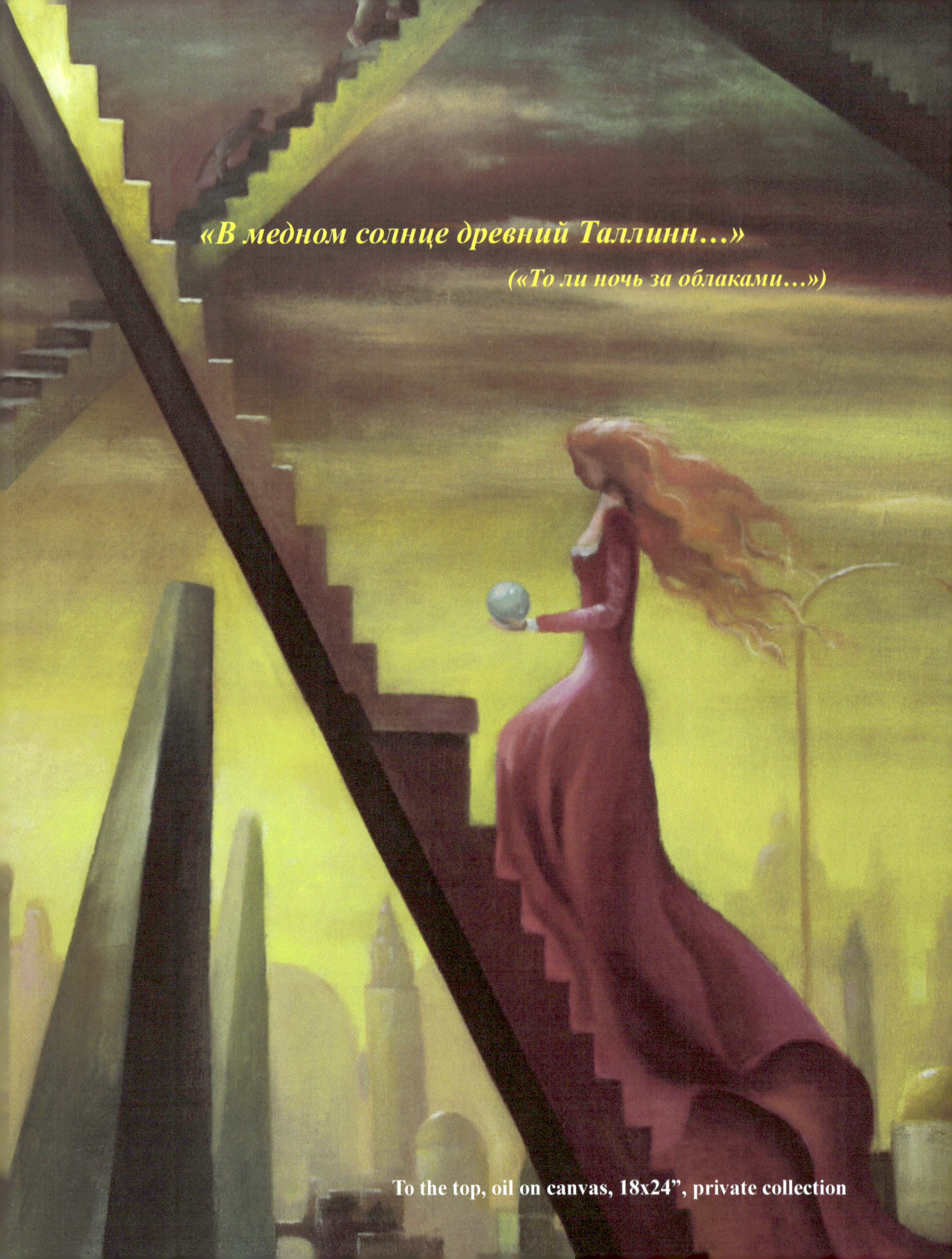

To the top, oil on canvas, 18x24”, private collection

* * *

Елене Скульской

**То ли ночь за облаками
То ли космоса проём.
В медном солнце древний Таллинн –
В древнем солнце медный сон.
Ты плывёшь в его теченьях,
Разветвляешься строкой.
И янтарное свеченье,
Как медовое печенье
Над молочною рекой.
Округляются озёра,
Словно детские глаза
Или губы фантазёра,
Что без страха, без разбора
Выдувают чудеса.
Шлейфом образы и лица
Изменяющихся форм.
И цветёт твоя страница —
Небывалая столица,
То ли космос, то ли сон…**

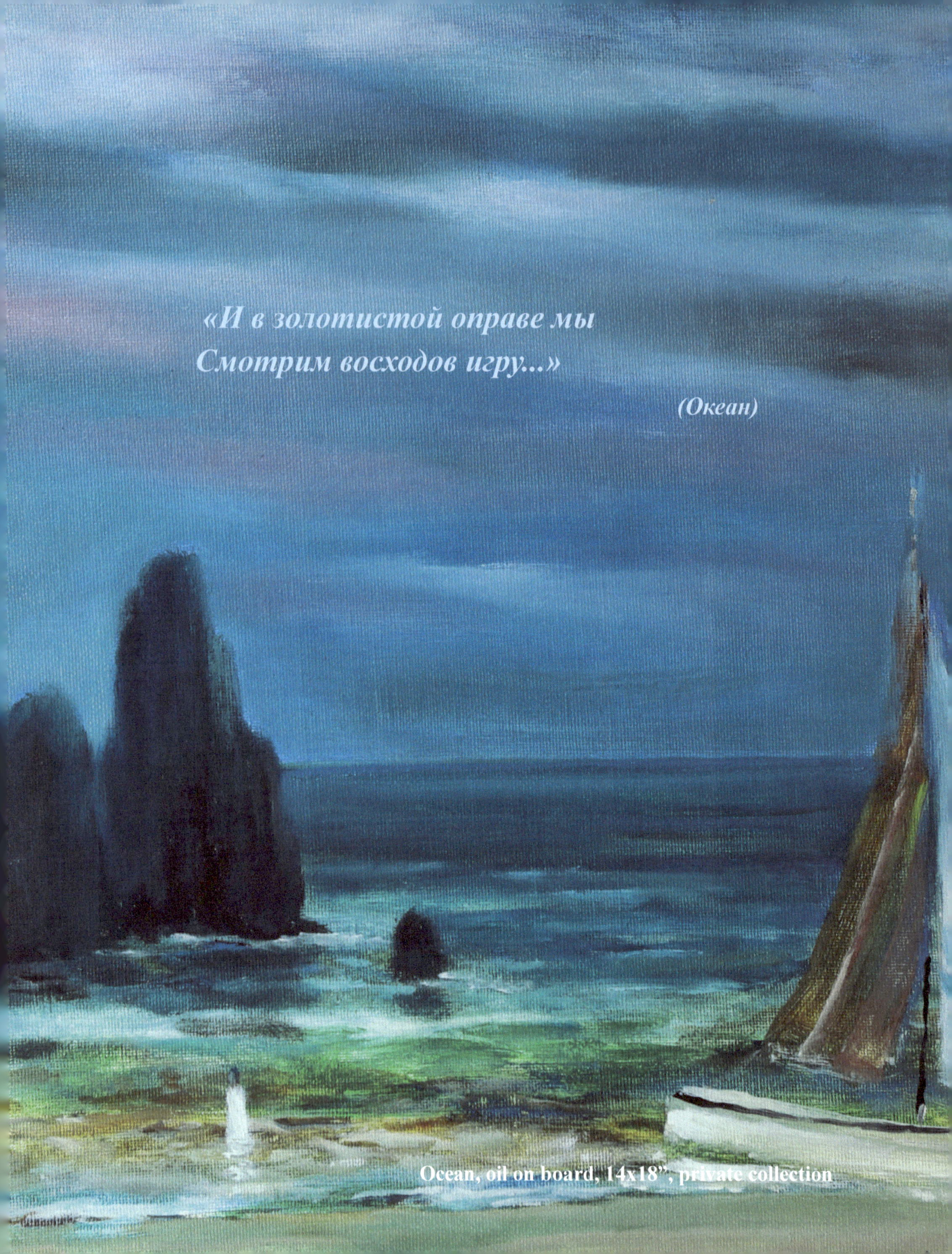

«И в золотистой оправе мы
Смотрим восходов игру...»

(Океан)

Ocean, oil on board, 14x18”, private collection

ОКЕАН

Марине Кудимовой

— ...лично я бы предпочла океан.
— А вы и есть океан.
(из больничной переписки)

1

Четырнадцать это двадцать два.
У океана мерцательная аритмия,
Ему вредны эмоции, а слова
Без них, что раковины пустые.
Может, скалою безмолвной стать,
Может, свернуться в створках моллюском
И сторожить океана кровать,
Слушать, как бродит в ней его музыка…
И перекатывается луна,
Цепенеют рыбы в её свете,
И, словно ангел из небесного сна,
Простыни волн поправляет ветер.

2

Нет! Ведьма “расколдована” Россией.
(из интервью к публикации поэмы «Арысь-поле»)

Полночь. Прибой приглушен.
Чертят приливы граф.
Снится волнам суша,
Говор полей и трав.
Где-то звенит кобылица
Гривою золотой.
Водорослей больница
Йод мешает с мечтой.
Доктор вдали воркует,
Пишет свои письмена.
Спи, всё расколдует,
Всё расколдует Она.

3

Выгнулись волны травами,
Воды — что луг на ветру.
И в золотистой оправе мы
Смотрим восходов игру.
Восемь — от берега к берегу.
Стрелки — вперёд-назад.
Вызволишь снов энергию —
Переплывёшь циферблат.
Чаек кружит песнопение,
Жив океанский алтарь.
А в преломлениях времени
Движется Пахарь-Рыбарь.

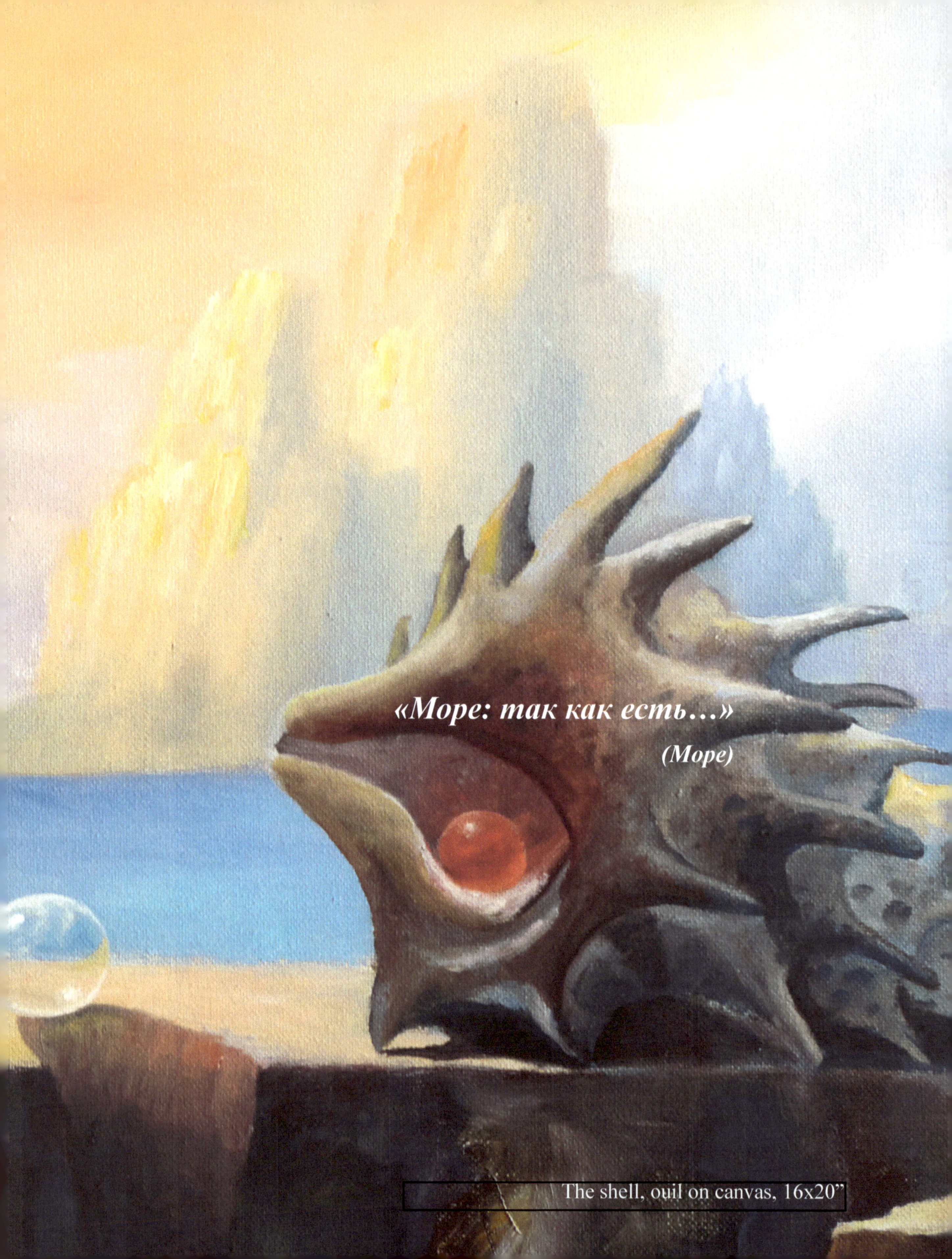

«Море: так как есть…»

(Море)

The shell, ouil on canvas, 16x20”

МОРЕ

1

Но сколько дней мой замысел о Море
Меня терзал посулами строки!
Он ластился к зелёной, в солнце, шторе
И отступал усилием руки.
Он отступал. И наступало снова
Взамен виденья — Море: так как есть,
В том первенстве, которым стало Слово,
Сошедшее как Вестник и как Весть.
Иду к Нему. Мои худые сети
Любой улов готовы упустить.
Сплетённые в оконченном столетье
Другие сети просят заменить
Моих сетей дырявую оплошность
На выверенность собственную. Нет!
Претерпевать начну часов дотошность
И бедность коротать в приюте бед.
Сама себе отменная Старуха,
Я буду гнать себя в гремящий шторм
И не жалеть изнеженное ухо,
И требовать всё алчней новых форм.
Сама себе покорный исполнитель
Возьму — в который раз! — худую сеть,
Хоть наперёд предвижу, как гонитель
Мне в благодарность изготовит плеть.
Кто ж будет у разбитого корыта?
Мы оба — глупый нрав и жадный глаз.
А Море — и доступно, и открыто
Любым сетям — само пленяет нас.

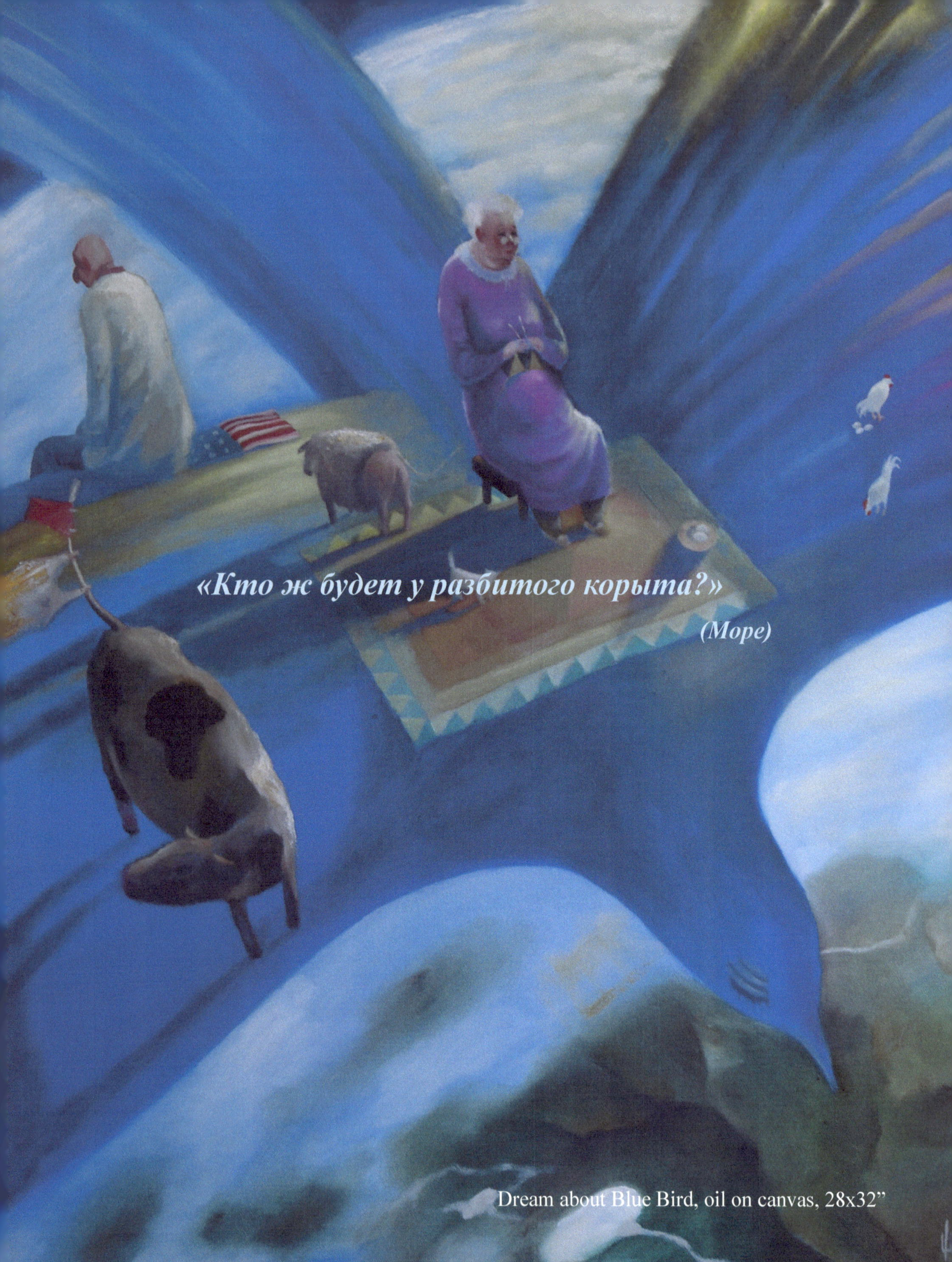

Dream about Blue Bird, oil on canvas, 28x32”

2

Напрасно я спешила на свиданье!
Но кто же мог предвидеть, ожидать?
Оно переменилось, в наказанье
За безмятежно взятую тетрадь.
Натурщик мой безжалостно капризен.
Ещё вчера — кокетлив, юн и мил,
Ещё вчера шалил легонько бризом,
Ещё вчера... Да он ли это был?
Торговец-ветер хитростью всегдашней
Товар лицом умело показал.
Я согласилась выкупить вчерашний,
В тунику пен одетый, первый вал.
Он попросил, и я дала задаток:
Две изумруднейших — под стать! — строки.
Натурщик мой — и белопен, и гладок —
Слизнул автограф, изловчась, с руки.
Я в нетерпенье утро подгоняла,
Лукавила с домашними о том,
Что и в глаза не видывала вала
И лишь для них спешу покинуть дом.
Но тщетно притворялась! Мой обман
Открылся сразу, только я ступила
На зыбкость ту, что прядала, вихрила
И множилась по влажным берегам.
— Где мой натурщик? За его смарагд
Ещё вчера я заплатила строки!
Но мне ответил ветер: — Он не раб.
Оставьте ваши тщетные намёки.
Я на домашних подняла глаза
И в гневе не скрывала больше Моря.
Я видела: все были против, за —
Один лишь разжигатель был историй,
Случавшихся со мною невпопад,
В извечно роковую неурочность.
Все были злы, как я. Лишь он был рад,
В который раз проверив нас на прочность.
Я прочь пошла. И выходка моя
Мою семью, конечно, не скрепила.
Меня отвергла в этот день семья
И приютила вражеская сила.
В сердцах — её, как большее из зол,
Я выбрала себе на дня остаток.
Она вернула мне покой и стол,
И первый вал, и первых строк задаток.

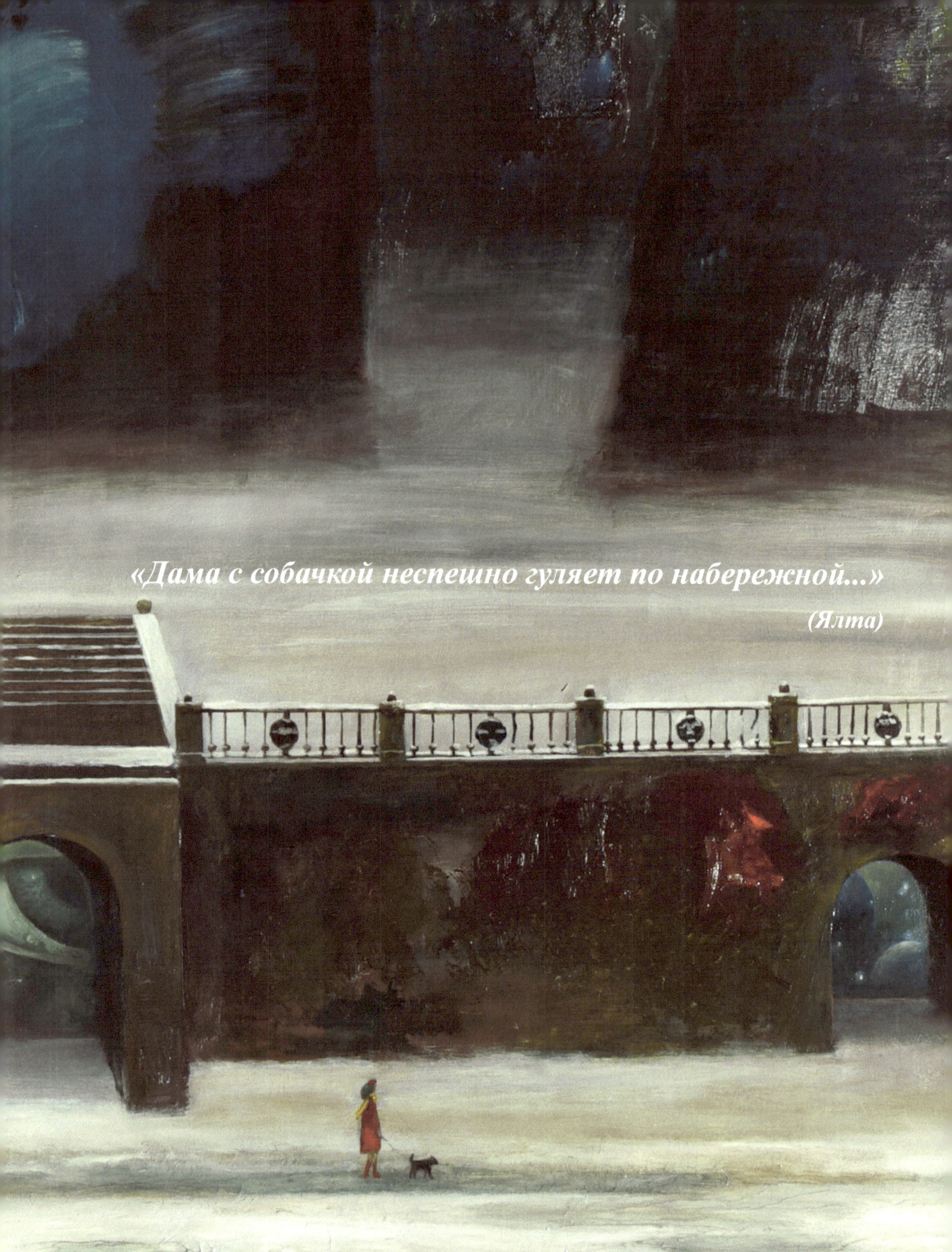
«Дама с собачкой неспешно гуляет по набережной...»
(Ялта)

ЧЕХОВСКИЕ МОТИВЫ

1. Ялта

Рыбы режутся о каменистое дно, в царапинах море.
Зонтик с книгой в обнимку дремлют на скамейке влажной.
Ялта в дымке историй выходит на берег Истории.
Дама с собачкой неспешно гуляет по набережной.
Впереди у неё душная комната, крах седьмой заповеди.
Покаянье, зевок любовника: — Да о чём ты?
После — море, как вечный сон, в Ореанде,
А напротив — церковь в сумерках, белая в чёрном.
Он вернётся в Москву.
Будут улиц метаморфозы,
Колокольный звон, осетрина с душком, смятенье,
Город С. и серое платье, и слёзы,
И гостиничный номер с окошком, в котором темень.
А потом метель, февраль, словно мир распятый,
А потом июль, подвал, разложенье веры,
Нарушенье заповеди — шестой и пятой,
А потом четвёртой, третьей…
Наконец — первой.
А страницы бегут, бегут. Всё опаснее угол крена.
Пароход судьбы опять возвращается в Ялту.
— Пусть простит меня Бог! — восклицает Анна Сергевна.
И идёт на набережную к Пилату.

2. Письмо

Милый Антон Павлович! Помните Ялту?
Она, как тогда. Не волнуйтесь, не переехала.
Я проверяла, читала, сличала карту.
Всё хорошо и спокойно в домике Чехова.
Ялта мне снится. Как ангел всего полуострова,
«Белая дача» его от падений хранила.
Я разделяю о ней слова Паустовского:
Место «в России огромной лирической силы».
Впрочем, кто я! Ванька Жуков в семье сапожников.
Стукнут, чуть что, молотком за моё недомыслие.
Так что письмо — между нами, пускай, если можно.
Главное — это свобода обмена письмами.
Главное — чтоб адресат на земле своей значился.
Главное — чтоб не сносили его как помеху.
Главное — чтоб почтальон доносил по адресу
Ныне и присно: «Крым. На деревню Чехову».

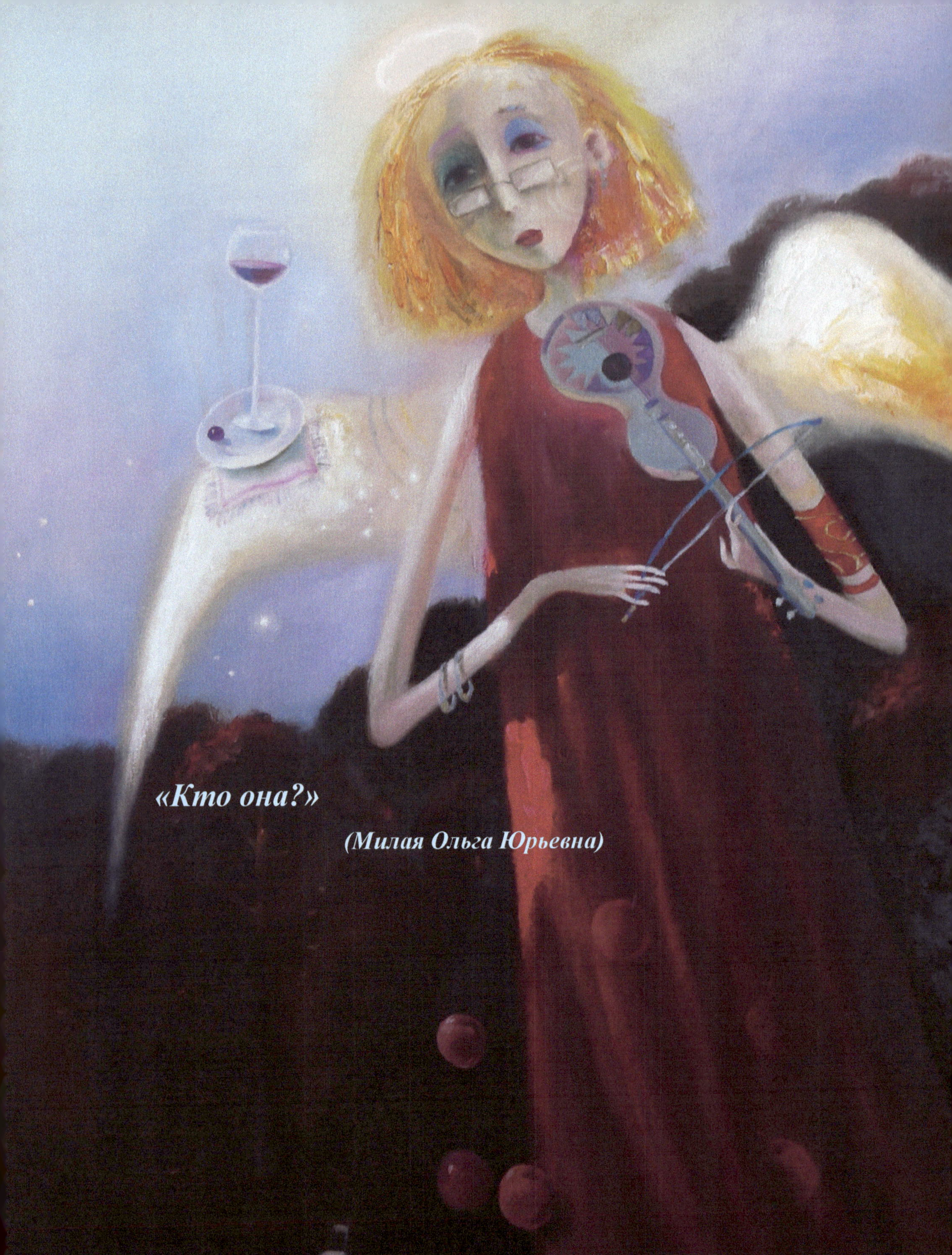

«Кто она?»

(Милая Ольга Юрьевна)

МИЛАЯ ОЛЬГА ЮРЬЕВНА

1

Кто она?
Старая книжная фея.
Живёт меж засушенных лепестков книги.
Какой? Неизвестно. Листай получше,
Авось и найдёшь её в заводях жёлтой
Трухи, которой она пудрит
Гармошку шеи и лицо перед тем, как
Вспорхнуть (так ей кажется) с насиженной
Стёртой страницы плохого качества
Печати постсеребряного века.
Пыль столбом, когда она в ступе
Чернильницы носится над моею тетрадью,
Опыляя увядшие розы журналов,
И тычется сослепу в авангард.
Он привлекает её непонятным
Сочетанием букв, из которых можно
Сложить «виноград» с двумя описками,
С чернильным привкусом,
С кнопками косточек...
Ва-на-град... Она зажмуривается,
И пергамент вкруг её глаз собирается
В плиссе, и она добреет, мурлычет,
Смакует давно позабытое старое.
Сластёна милая, как прекрасно
Чувствовать себя молодой и новой!
Качайся пока на закрученных лозах
С пустышками вымышленных ванаградин.

2

Кто её выдумал?
Навязчивый насморк,
Слезотеченье, першенье в горле.
Кто-то считает её аллергеном,
Кто-то — защитной реакцией полки,
Кто-то — блюстителем книжной нравственности.
— Ольга Юрьевна! — я её окликаю.
Она капает сверху чем-то жирным
На главную букву в моей тетради,
И всё расплывается безвозвратно,
И это безобразие
Называется деконструктивизмом.
Что ж ты делаешь, Юльга Орьевна?
Разве можно так обращаться с буквами,
Из которых что-нибудь, может быть, вырастет?
Может быть, целая литература?
Она сердито захлопывает обложку
Чьего-то полного собрания сочинений,
За которой отлёживалась её куколка,
Заранее злая. Вот видишь, до чего
Довела ты писателя полного собрания!
Больше он уже ничего не напишет.
А ты всё пудришься книжной пылью
Над его полным собранием огорчений...

3

Фея моя, зачем ты хочешь
называться именно этим именем?
В имени — что? Или лучше — кто?
Вот в чём вопрос. Ночами грезишь
Снами подвеянной Веры Павловны
О домах, перекошенных в мозгах архитектора,
Что гнутся медленно, как алюминиевые ложки,
Под взглядом философа из палаты номер шесть.
Ольга моя, долгорукая с большой
Буквы, конечно же. Что ж нам делать?
Построила город из бумажных кирпичиков —
И клонишь полку свою то влево,
То вправо. Вот-вот рассыпется. Снова
Шуршишь страницами. В комнате полночь.
Пьяно, пьяниссимо... Только ветер.
Молчу, прислушиваюсь: где ты? Что ты?
В ходиках стрелочник крутит стрелки,
На всех парах катит поезд-время.
Под него ты читаешь «Анну Каренину».
Анна бессмертна, ей не до времени,
Ей бы только вовремя броситься.
Опять всё запуталось... «время», «вовремя»...
Будильник, негодуя, дрожит клювом стрелки,
Вот-вот обрушится из перьев столетий
На царя в голове, как Золотой Петушок.

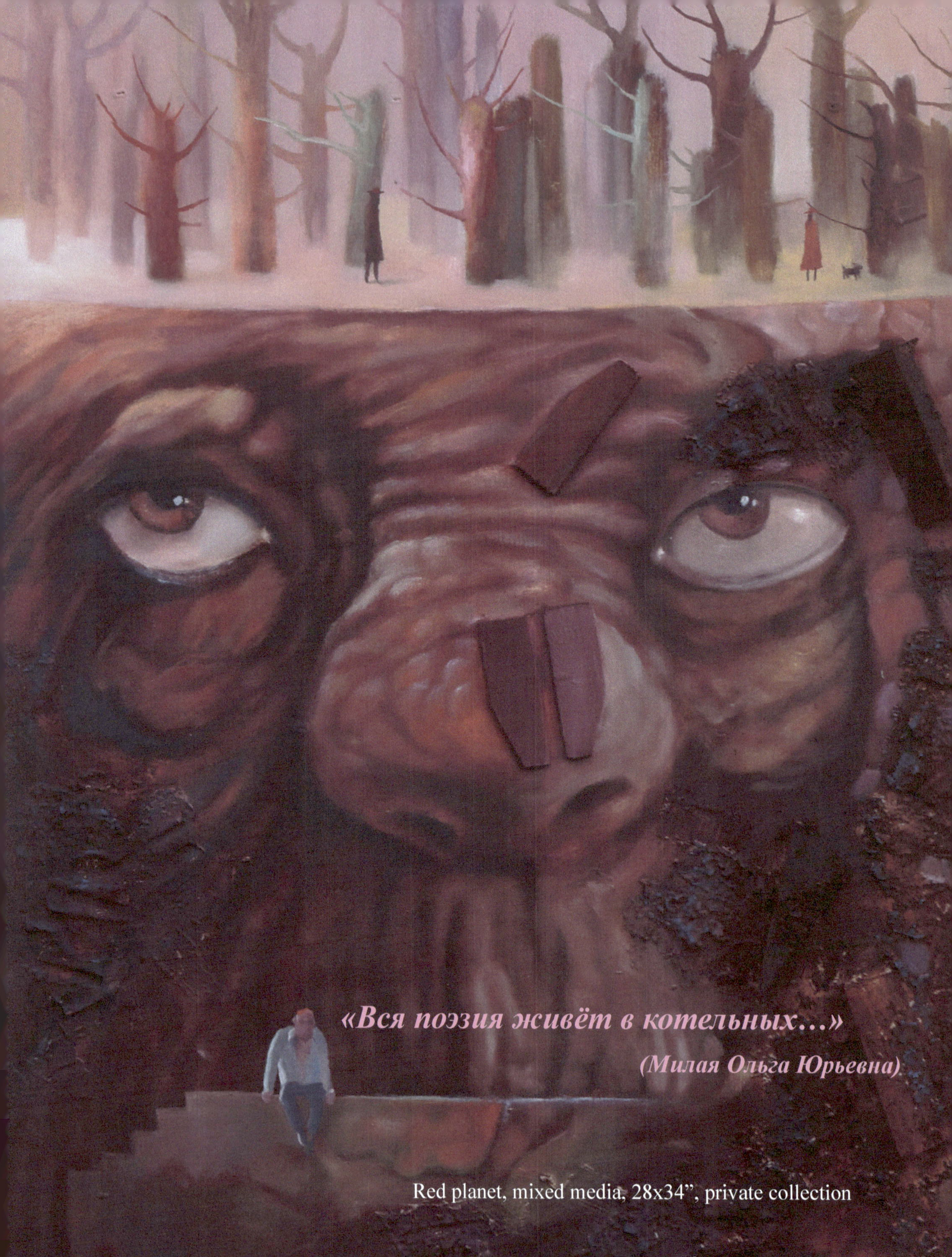

«Вся поэзия живёт в котельных…»

(Милая Ольга Юрьевна)

Red planet, mixed media, 28x34”, private collection

4

Время — в тебе, в твоём беспрестанном
Шуршанье. Страшна его деловитость.
По ней истекает другое время —
Простое, тетрадное, что не вхоже
В то, крепкое, книжное, из дуба зелёного,
Который ты охраняешь зорко.
Мне не приблизиться: шаг влево — сказка,
Шаг вправо — песнь. Поняла, сдаюсь.
Слушаю только твоё священное
Шуршанье. Оно заглушает ветви.
Они пытаются мне нашептать
Какие-то заповеди Лукоморья.
Но ты — на страже. А я — лазутчик.
Меня поджидает на том конце
Тетрадь. Это всё по её заданию.
А она не платит мне ни гроша.
Но это — другое. В эти дебри
Мы не полезем. Дорогая фея,
Что ты делаешь, например, в четверг?

5

Вся поэзия живёт в котельных,
А браки издателей и писателей
Свершаются на небесах, уже после
Того, как котельную опечатают.
Тогда приходит и твоё времечко,
Фея моя с мушиными крылышками.
На них не подняться тебе выше
Полки с полными собраниями сочинений.
На этот запах ты и слетаешься,
Моя многорукая и долгокрылая
Лже-Ольга. Зачем ты топила в чернилах
Бумажные кораблики, вымарывала чёрным
То, что было написано по белому?
Лютая, лютая... Что ж теперь будет
С посланиями бедных папирусных корабликов?
Опять обижаешься, лицом своим круглым
Пытаясь походить изо всех своих сил
На ту, что сияла как луна в ночи.
А получаешься как та, что в «Евгении Онегине».
Поскорей бы нашло на тебя затмение!

6

Отгородилась от меня, фея моя, целым городом.
Теперь мне уже и не подступиться
Даже на поклон. А бывало, пронесётся
Музой иностранной, капнет жирным —
И легче на душе. И даже когда
Ночью затевала пожар, пытаясь
Поджечь рукописи, даже тогда
Тепло и весело было в наших котельных:
Все плясали, чертыхались, дивились
Всполохам по чёрному куполу города.
Купола нет уже. Город осунулся,
Будто кто-то набросил на него колпак без прорезей
Для зренья и дыханья, и теперь вот снятся
Плохие сны, со сквозняками, и насморком,
И всякой нечистью, выходящей из носа
Наружу в полночь, когда в за́мке ума
Одни привидения блуждают с поддельными
Стихами и биографиями. Ты пестуешь их
В своём фолианте, пока они не скукожатся
В корзине для мусора. И целую ночь
Приходится ворочаться, уворачиваться,
Чтобы не сцапали, не затащили
Они и меня в свою шумную компанию
И чтобы и я потом не скукожилась
В собственном мусорном ведре или — хуже —
В алюминиевом доме больной Веры Палны
С резким перекосом в научный прогресс,
Где бьётся в стекляшке окна-аквариума
Её слабоумная фантазия. Ну к чему
Мне эти кошмары, Вольга Рьюена?

7

**Стало опасно здесь находиться.
Разобрать вообще ничего невозможно.
Жизнь моя — сплошной абсурдизм,
Что бы ты или кто-то выше
Тебя на этих дубовых полках
Ни говорил, ни писал и ни думал.
Выше дуба нет ничего.
В буквальном смысле этого слова.
Я там была и рукой дотянулась.
Всё, что над кроной, — сплошная бумага.
Потянешь за край, и она разматывается
До бесконечности и даже после.
Она размножается сама собой,
Как эти собрания сочинений
С мушками авторов в паутине букв.
Кто их вызволит? Но суть не в этом.
Бумаги много, хватит на всех.
Если вообще это сейчас актуально.**

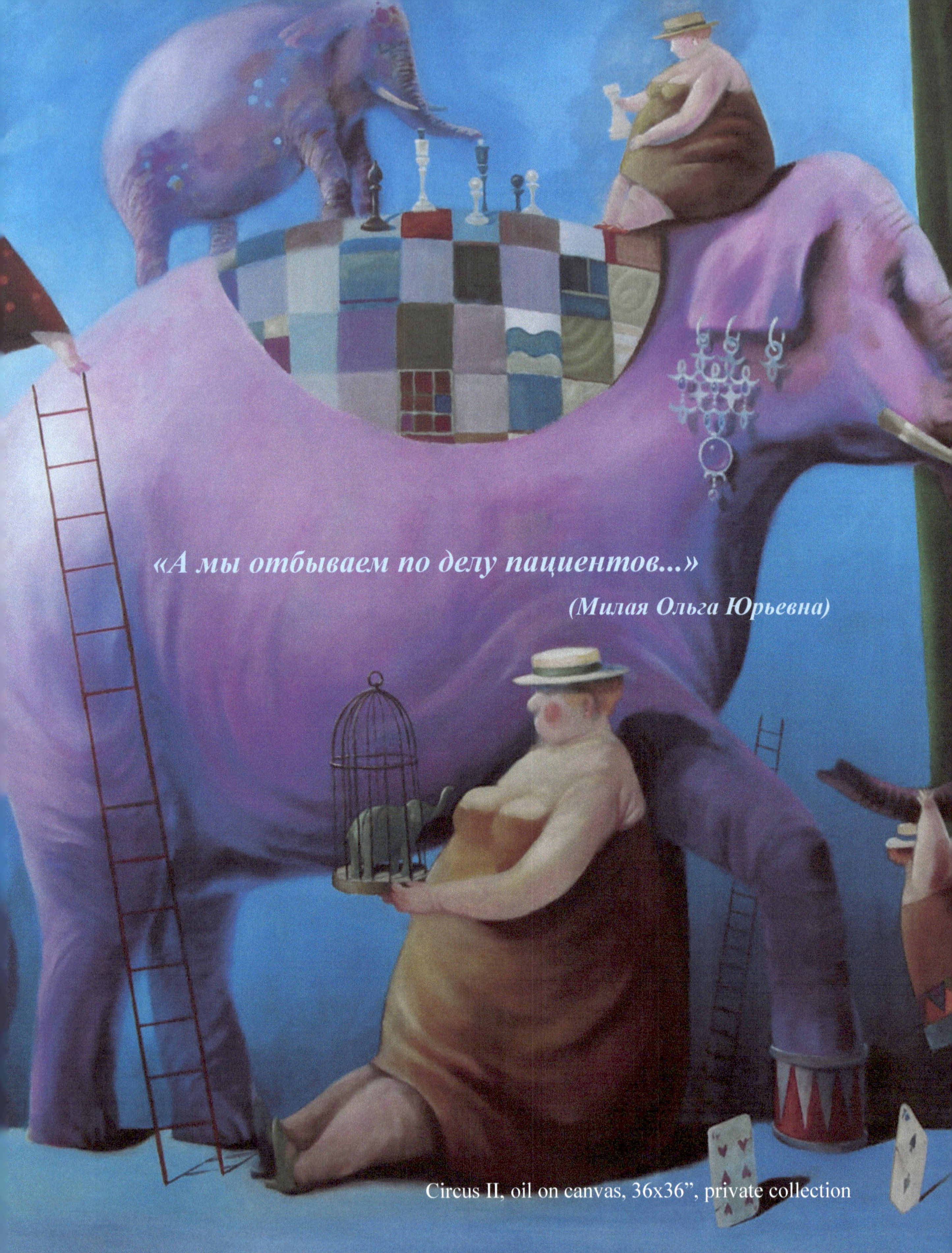

«А мы отбываем по делу пациентов...»

(Милая Ольга Юрьевна)

Circus II, oil on canvas, 36x36”, private collection

8

**Мучают ли тебя угрызения совести?
Хотя бы сегодня (семнадцатого января
По старому стилю)? Признайся, лицемерная!
Помнишь, как капала чем-то жирным
На его рукопись? А он кашлял, кашлял...
А потом махнул рукой и уехал.
А ты только фыркала, как та лошадь
Перекладная, на которой он плёлся,
Слышал фырканье твоё, просыпался,
Потел и вздрагивал — и снова падал
В овраг. Ты этого тогда хотела?
Сны его до сих пор бродят,
Бередят в сумерках пёстрые страницы
Твоих многочисленных нижних юбок.
Он прыскает со смеху — и они шевелятся,
Как фантики-бантики. Ты комична
Сегодня. Это всё оттого,
Что у него нездоровое чувство юмора.
Но откуда ему набраться здоровья
В таких условиях (по старому стилю)?**

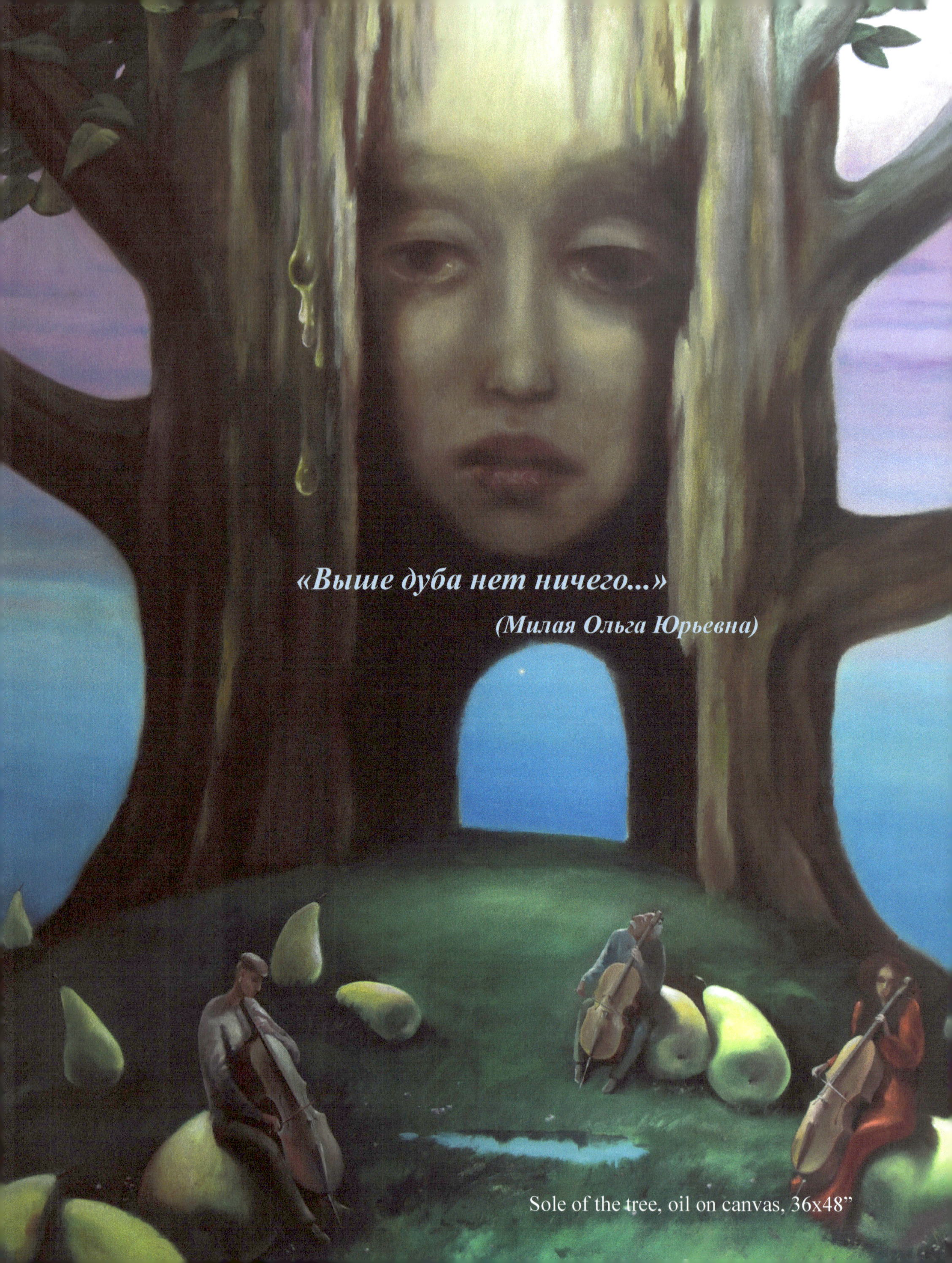

«Выше дуба нет ничего...»

(Милая Ольга Юрьевна)

Sole of the tree, oil on canvas, 36x48”

9

У меня от тебя уже мигрень.
Записаться б на приём к доктору Айболиту,
Но он сидит на цепи под дубом
Вместе с другим доктором — Живаго.
Они отбывают по делу врачей,
А мы отбываем по делу пациентов.
Всё. Меняю этот век на позапрошлый.
Но со всеми удобствами. Можно без лифта.
Главное — без печки. От неё много дыму,
А ты на тот свет свела трубочиста.
Он падал и падал сквозь грязь и копоть.
На него уставилась поломанная звезда,
А ты загадывала быстро желание
О полном собрании. — Так нечестно! —
Он только выкрикнул. Прощай, трубочист!
Больше никто никогда не прочистит
Туннель дымохода, ведущего к небу.
Заражены трубы в нашем городе,
Включая и подзорные,
И есть лишь один
Выход из нашего архипелага —
Это загадочный
Остров Фюн.

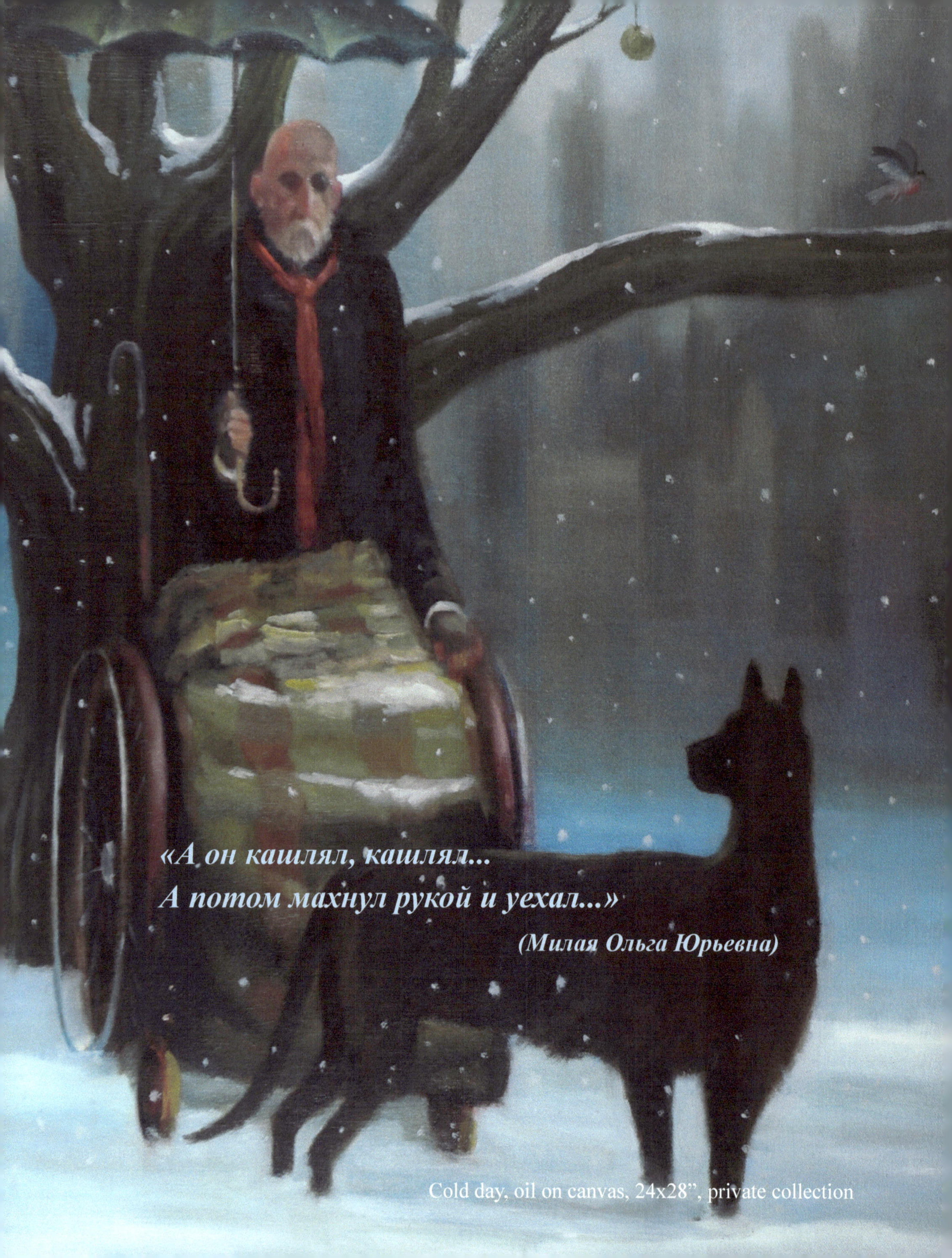

«А он кашлял, кашлял...
А потом махнул рукой и уехал...»

(Милая Ольга Юрьевна)

Cold day, oil on canvas, 24x28", private collection

10

Остров Фюн, дорогой, любимый,
У моря, с городом добрым Оденса,
Прими меня! Я второе апреля
Буду праздновать как свой собственный день.
Двойка вниз головой — пятёрка,
Если взглянуть на неё сквозь Землю,
Когда стоишь на другой стороне
Эллипса, окантованного иероглифами звёзд.
Путь к тебе — по дымоходной трубе,
По весёлой и радостной тёплой котельной
Внутри Земли, глубокой и мудрой,
Где всё наполнено тайным смыслом
Зерна́, и звезды́, и живого пламени.
Там обитают мыши и бабочки,
Мерцающие личинки, цветы и породы.
Они указывают дорогу к острову.
Мне бы только один глоток
Этого испещрённого блёстками соли,
Подвижного, звонкого, как ребёнок,
Воздуха, а потом уж можно и назад —
К фее моей, взлохмаченной, лютой,
Как муха, протрезвевшая меж оконных стёкол
После запойной зимней спячки.
Должно быть, мечется, меня дожидаясь,
Чиркает крыльями, брюзжит недовольно.
Вот бы выпустить её на волю!

11

В комнате моей,
Совсем как во сне,
Плавают в невесомости лунного света
Собрания сочинений —
Распахивают страницы,
Приглашают в свои тридесятые государства.
Но нам выпадает из этой колоды
Гаданий, и чаяний, и авторских прав,
Отданных на читательское самоуправство,
Узкая, тонкая ледяная пластинка
С острой каёмкой, почти белой.
По ней и движемся — я и она.
Я скольжу,
Удерживая равновесие.
Ребро пластинки режет подошву.
Ах, вот какой ты, алмазный мой венец!

Она порхает, нервно подпрыгивая,
Точь-в-точь как описка от дрогнувшей ручки.
Вокруг черно, как в моей чернильнице,
Глубокой и страшной, откуда выходят
Мои сновидения, сбываясь в тетради,
Что ёжится всякий раз, как только
В буквах заводится что-то бесплотное.
— Ольга Юрьевна! —
Она вздрагивает,
Словно её застукали за перечёркиваньем
Ещё живой, страдающей рукописи,
По которой она проводила отточенным
Стальным пером, и красные чернила
Выступали на поверхности фиолетовых строк.
— Ольга Юрьевна! —
Прилив чернил.
Колебание бликов.
Опять мы вместе.
Где-то ты уже об этом читала.
Рукописи — призраки детей Гамлета,
Они оживают в полночь, в полнолуние.
Видишь?
Слышишь?
Она озирается.
Я наблюдаю. Грустно опущены
Крылья её в горошинках блёсток.
Хочешь свободы? Она лишь ёжится.
Её пугает большой ветер,
В лохмотья грозит изорвать её крылышки.
Большой ветер — для крыльев-парусников,
Звук его ночью вибрирует в дубе,
И тот шелестит страницами в комнате.
Полки — дупла с его книгожизнями.
В них укрывается от большого ветра
Фея моя злая и пугливая.
Свобода мне нужна, а не ей.
Но мне никуда не деться от дуба,
А ей никуда не деться от полок.
И мы продолжаем свой путь, покуда
В стекле чернильницы моей не забрезжит
Мантия рассвета
С кровавым подбоем.

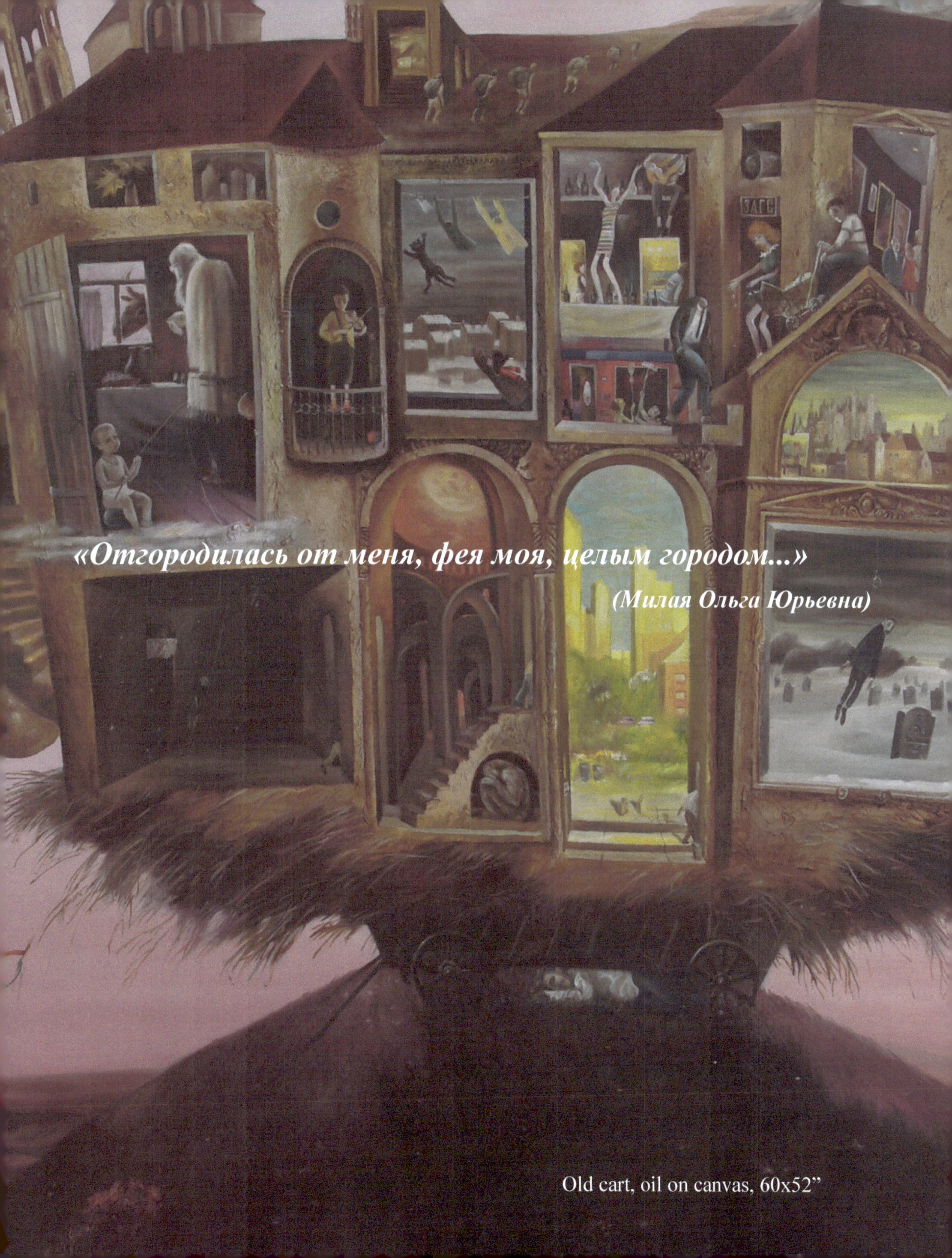

«Отгородилась от меня, фея моя, целым городом...»

(Милая Ольга Юрьевна)

Old cart, oil on canvas, 60x52”

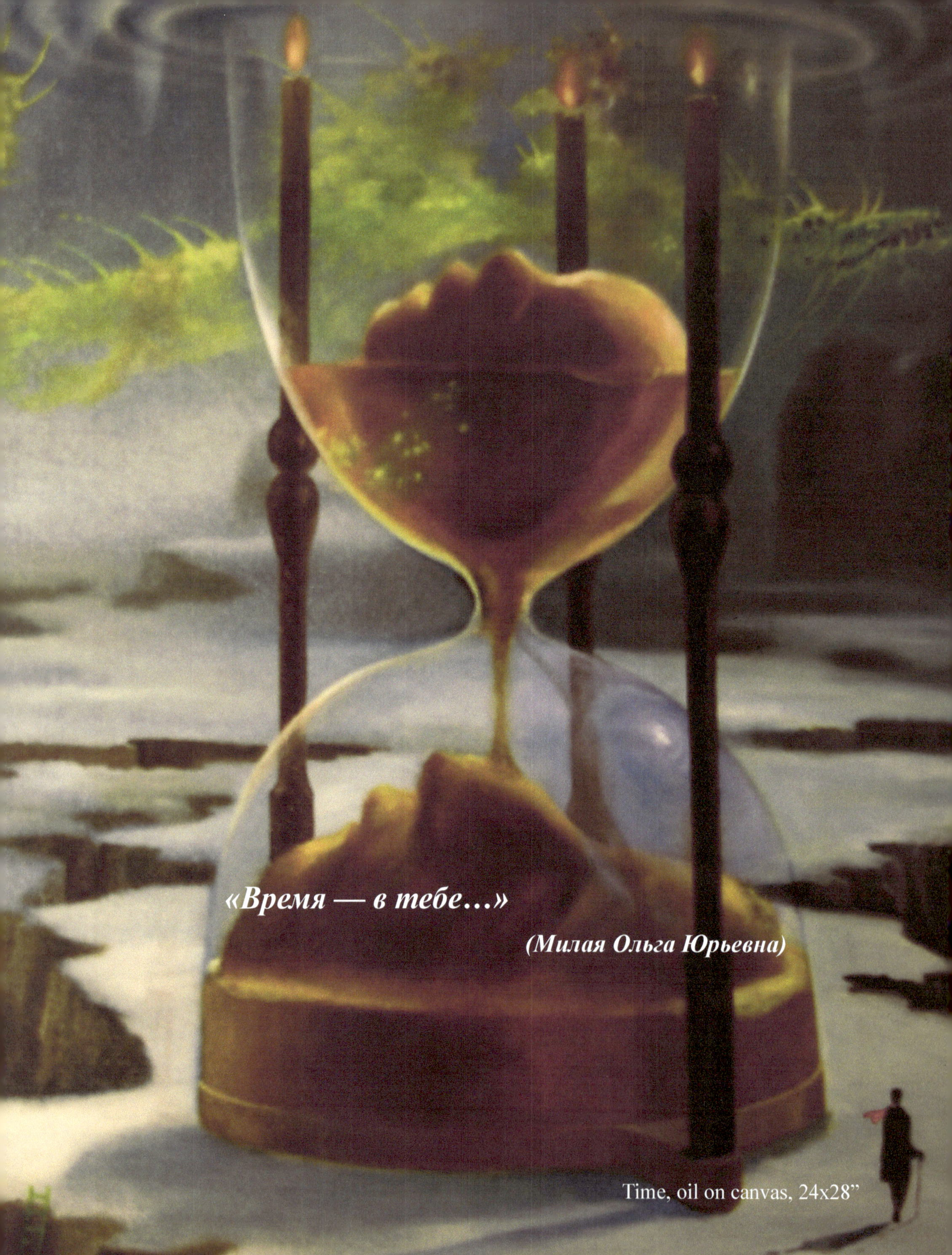

«Время — в тебе…»

(Милая Ольга Юрьевна)

Time, oil on canvas, 24x28”

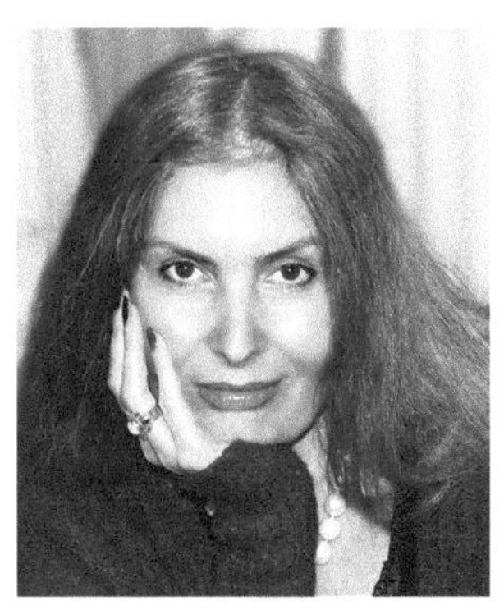

ВЕРА ЗУБАРЕВА — поэт, писатель, литературовед. Первый Лауреат Международной премии им. Беллы Ахмадулиной (2012), Лауреат муниципальной премии им. Константина Паустовского (2011), Лауреат Международного конкурса филологических и культорологических работ, посвящённых жизни и творчеству А.П. Чехова (2015) и др. международных литературных премий. Главный редактор журнала Гостиная (http://gostinaya.net/). Президент объединения русских литераторов Америки ОРЛИТА (http://orlita.org/). Защитила докторскую диссертацию по русской литературе в Пенсильванском университете, где преподаёт в настоящее время.

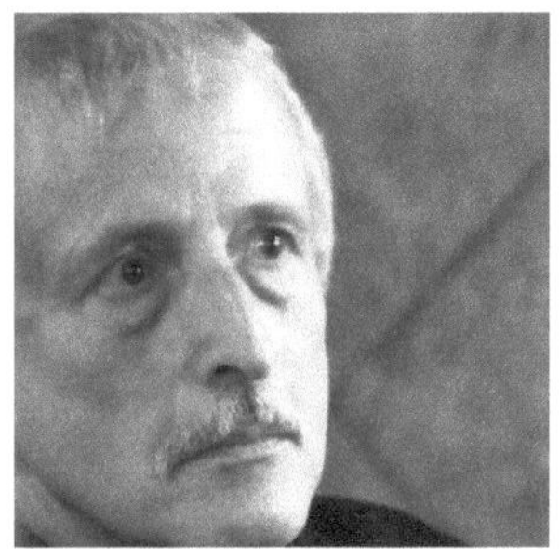

ИЗЯ ШЛОСБЕРГ, художник и писатель. Основатель творческого союза «Shiva-club». Выставлялся в Белоруссии, России, Украине, Польше, Германии, Испании, Венгрии, Израиле и США. Более 300 картин находятся в частных коллекциях и музеях. Родился в 1950 г. в Пинске (Беларусь), с 1994 г. проживает в США. (Подробнее на www.artfact.net)

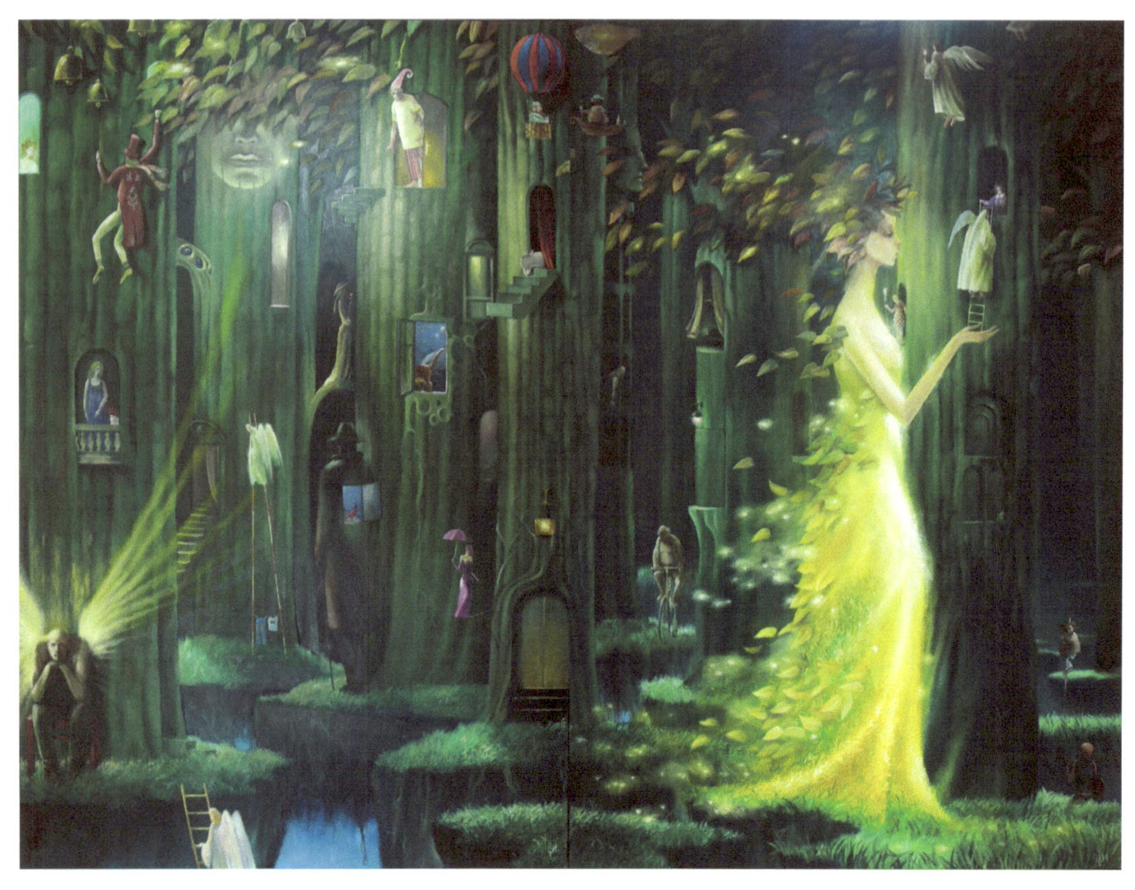

ГАДАНЬЕ НА ЧЕРНИЛЬНОЙ ГУЩЕ

www.ingramcontent.com/pod-product-compliance
Lightning Source LLC
LaVergne TN
LVHW070129110826
845147LV00002B/218

* 9 7 8 0 9 8 6 1 1 0 6 0 3 *